영광의
무게

믿음이란
한 알의 밀알이 땅에 떨어져 죽음으로 많은 열매를 맺음과 같이
진리의 열매를 위하여 스스로 죽는 것을 뜻합니다.
눈으로 볼 수는 없으나 영원히 살아 있는 진리와
목숨을 맞바꾸는 자들을 우리는 믿는 이라고 부릅니다.
「믿음의 글들」은 평생, 혹은 가장 귀한 순간에
진리를 위하여 죽거나 죽기를 결단하는
참 믿는 이들의, 참 믿는 이들을 위한, 참 믿음의 글들입니다.

영광의
무게

C. S. 루이스 지음

홍종락 옮김

홍
성
사.

차 례

들어가는 말

이 책은 지난 전쟁 기간과 전후 몇 년 동안 제가 강연했던 많은 원고 중 몇 편을 담고 있습니다. 모두 향후 출판할 생각 없이, 개인적인 요청을 받고서 특정한 청중을 염두에 두고 쓴 것들입니다. 그 결과, 실제로는 먼저 쓴 글이지만, 이미 책으로 출간되어 나온 제 문장들을 되풀이한 듯 보이는 부분도 두어 군데 있습니다. 강연집을 만들자는 요청을 받았을 때, 그렇게 겹치는 부분들을 없앨 수 있을 거라 생각했지만 그건 오산이었습니다. (그리 시간이 많이 지나지 않은 경우라도) 글이 확고하게 과거의 산물이 되어 버리고 나면 저자라고 해도 그 내용을 바꾸기 힘듭니다. 과거를 변조한다는 생각이 들기 때문입니다. 우리 모두에게 상당히 이례적인 시기에 글을 썼기에, 제가 믿는 바는 전혀 달라지지 않았지만 각 원고를 쓸 때의 어조와 감정을 다시 포착할 수는 없을 듯합니다. 게다가 강연들을 원래의 형태 그대로 두고 싶어 하는 독자들 또한 원고를 섣불리 손대는 것에 찬성하지 않을 것입니다. 그래서 저는 몇 가지 표현을 바로 잡는 선에서 만족하기로 했습니다.

'영광의 무게', '전시의 학문', '멤버십'을 재출간할 수 있게 허락해 준 S.P.C.K.(기독교지식증진협회), S.C.M(기독학생운동), 그리고 〈소보르노스트Sobornost〉지 담당자들에게 감사드립니다. '내부패거리'는 이 책을 통해 처음으로 활자화된 원고입니다. 여기 실린 것과 내용이 좀 다른 '변환'은 밀라노의 〈리비스타〉지에 실을 목적으로 썼으며, 이탈리아어로 번역되어 그 잡지에 실린 바 있습니다.

C. S. Lewis.

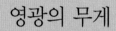

영광의 무게

The Weight of Glory

오늘날 선량한 사람 스무 명을 찾아 최고의 미덕이 무엇이라고 생각하는지 묻는다면, 그중 열아홉은 '비이기심Unselfishness'이라고 답할 것입니다. 하지만 과거의 위대한 그리스도인들에게 같은 질문을 던졌다면, 거의 대부분은 '사랑'이라고 답했을 것입니다. 어떤 차이가 있는지 아시겠습니까? 소극적인 용어가 적극적인 용어를 대체했습니다. 이 현상에는 언어적인 차이 이상의 중요한 의미가 담겨 있습니다. 비이기심이라는 소극적 이상negative idea을 가진 사람은 다른 사람에게 좋은 것을 주는 일이 아니라 내가 좋은 것 없이 지내는 일에 주로 관심을 보입니다. 다른 사람의 행복이 아니라 나의 금욕이 중요한 일인 것처럼 말입니다. 이것은 기독교에서 가르치는 사랑과 다릅니다. 신약성경은 자기부인self-denial에 대해 많이 말하지만, 자기부인 자체를 목적으로 제시하지는 않습니다. 그리스도를 좇기 위해 자기를 부인하고 자기 십자가를 지라고 합니다. 그리고 그렇게 할 때 뒤따라오는 바람직한 결과에 대한 설명이 이어집니다.[1] 자신의 행복을 갈망하고 간절히 누리고 싶어 하는 것은 나쁜 것이라는 생각이 현대인의 사고에 도사리고 있다면, 그것은 칸트와 스토아 학파의 사상에서 스며든 것이지 기독교 신앙의 일부가 아니라는 점을 말씀드립니다. 복음서가 당당하게 약속하는 보상, 그 엄청난 보상들을 생각하면, 우리 주님은 우리의 갈망이 너무 강하기는커녕 오히려 너무 약하다고 말씀하실 듯합니다. 우리는 무한한 기쁨을 준다고 해도 술과 섹스와 야망에만 집착하는 냉담한 피조물들입니다. 마치 바닷가에서 휴일을 보내자고 말해도 그게 무슨 뜻인지 상상하지 못해서 그저 빈민가 한구석에서 진흙 파이나 만들며 놀고 싶어 하는 철없는 아이와 같습니다. 우리는 너무 쉽게 만족합니다.

이런 보상의 약속을 근거로 불신자들이 그리스도인의 삶을 상거래라고 말하더라도 걱정할 것 없습니다. 보상에도 여러 종류가 있기 때문입니다. 첫째, 합당치 않은 보상이 있습니다. 행위와 보상 사이에 자연스러운 연관성이 없는 경우입니다. 동기가 불순한 경우

---

1) 누가복음 9장 23-24절 참조.—옮긴이 주로서 이하 별도 표기하지 않는다.

라고 할 수 있지요. 돈은 사랑에 대한 당연한 보상이 아닙니다. 그렇기 때문에 돈 때문에 여자와 결혼하는 사람을 속물이라 부릅니다. 둘째, 합당한 보상이 있습니다. 진정한 연인에게 결혼은 합당한 보상이며, 결혼을 원한다고 하여 속물이라고 손가락질하지 않습니다. 귀족 작위를 얻기 위해 싸우는 장군은 속물이지만, 승리를 위해 싸우는 장군은 속물이 아닙니다. 결혼이 사랑의 합당한 보상이듯, 승리는 전투의 합당한 보상이기 때문입니다. 합당한 보상은 어떤 활동에 대한 대가로 주어진 부산물이 아니라 그 활동 자체의 완성입니다. 세 번째 종류의 보상은 좀더 복잡합니다. 그리스어로 된 시를 감상하는 즐거움은 그리스어를 배우는 사람에게 합당한 보상임이 분명합니다. 그것은 장삿속이 아닙니다. 하지만 그리스어 실력이 시를 즐길 수 있는 수준에 도달한 사람만이 그 사실을 경험적으로 알 수 있습니다. 이제 겨우 그리스어 문법을 배우기 시작하는 학생은 연인이 결혼을 바라거나, 장군이 승리를 바라듯 소포클레스 Sophocles[2]의 시를 즐기게 될 날을 간절히 바랄 수가 없습니다. 우선은 점수를 따기 위해서나 처벌을 면하기 위해, 혹은 부모님을 기쁘게 하기 위해, 아니면 기껏해야 당장에는 상상할 수도 갈망할 수도 없는 미래의 유익을 기대하며 공부를 계속해야 합니다. 이 학생의 입장은 속물의 입장과 비슷한 면이 있습니다. 이 학생이 앞으로

---

2) 기원전 496-406년경. 그리스의 비극 시인.

얻게 될 보상은 자연스럽고 합당한 보상이 되겠지만, 그 보상을 받기 전까지는 그런 보상이 있는지도 모를 것입니다. 물론 언젠가는 그것을 얻게 됩니다. 지루하기만 하던 고역이 즐거움으로 바뀌는 순간이 찾아옵니다. 그러나 아무도 고역이 즐거움으로 바뀌는 날짜와 시간을 정확히 집어낼 수 없습니다. 오로지 그 보상에 거의 도달할 때에만 그리스어 공부가 주는 진정한 보상을 바랄 수 있게 됩니다. 그리고 그러한 보상을 바랄 수 있다는 것 자체가 이미 예비 보상입니다.

천국을 바라보는 그리스도인의 처지가 이 학생의 처지와 상당히 비슷합니다. 영원한 생명을 얻고 하나님의 목전에 서 있는 사람들은 천국이 뇌물 따위가 아니라 지상 제자도의 완성임을 아주 잘 알 것입니다. 하지만 아직 그런 상태에 이르지 못한 우리는 그들과 같은 방식으로 천국의 실체를 알 도리가 없고, 그것의 맛이라도 약간 보려면 계속 순종할 수밖에 없으며, 궁극적 보상인 천국을 점점 더 간절히 바라는 자기 모습에서 순종의 첫 보상을 발견하는 수밖에 없습니다. 천국에 대한 욕망이 커져 감에 따라, 그것이 장삿속이 아닐까 하는 두려움은 사라지고 마침내 터무니없는 기우였음을 알게 될 것입니다. 하지만 우리 대부분에게 이런 일은 하루아침에 이루어지지 않을 것입니다. 시가 문법을 대신하고, 복음이 율법을 대신하고, 갈망이 순종을 변화시키는 과정은 썰물로 갯벌에 처박힌 배가 밀물이 들어오면서 떠오르듯 서서히 이루어집니다.

그리스어 문법을 배우는 학생과 우리는 비슷한 점이 또 있습니다. 그 학생이 상상력이 풍부한 소년이라면, 공부가 진행되고 그리스 시나 산문을 읽는 즐거움을 기대하기 전부터 아마도 제 나이에 맞는 영어 시나 공상 소설을 즐기고 있을 것입니다. 셸리Percy Bysshe Shelley[3]와 스윈번Algernon Charles Swinburne[4]의 시를 몰래 읽느라 그리스어 공부를 소홀히 할지도 모릅니다. 다시 말하면, 그리스어로라야 해결될 갈망이 학생 안에 있지만, 당장 학생은 크세노폰 Xenophon[5]의 시나 그리스어 미μι 동사들과는 무관한 대상들로 그 갈망을 채우려 한다는 것입니다. 이제 우리에게로 돌아와 보겠습니다. 우리가 천국에서 살도록 만들어진 존재라면, 우리 안에는 이미 천국에 대한 갈망이 자리잡고 있습니다. 그러나 우리는 아직 천국이 아니라 다른 대상으로, 때로는 정반대의 대상으로 그 갈망을 채우려 하고 있을 것입니다. 이것이 바로 우리가 처한 상황입니다. 물론 학생 비유는 한 가지 면에서 들어맞지 않습니다. 학생이 그리스어 공부를 해야 할 시간에 읽는 영시는 그리스어 공부를 통해 앞으로 감상하게 될 그리스어 시만큼이나 좋을 수 있습니다. 따라서 아이스킬로스Aeschylus[6]를 읽을 수 있게 될 먼 길을 가는 대신, 밀턴

---

3) 1792-1822. 영국의 낭만파 시인.
4) 1837-1909. 영국의 시인, 평론가.
5) 기원전 431-355. 그리스의 역사가.
6) 기원전 525-456년경. 고대 그리스의 극작가.

John Milton[7]의 글을 택한다고 해서 그의 욕구가 잘못된 대상을 받아들이는 것은 아닙니다. 하지만 우리의 경우는 전혀 다릅니다. 만약 우리가 영원하고 무한한 행복good을 누릴 운명이라면, 우리가 바라는 다른 어떤 행복도 가짜이며 기껏해야 참으로 우리를 만족시켜 줄 행복을 상징하는 수준 정도일 것입니다.

우리 안에서 지금도 찾을 수 있는 머나먼 본향에 대한 갈망에 대해 말하려 하니 약간 부끄러워집니다. 마치 해서는 안 될 일을 하고 있는 듯합니다. 저는 우리 각 사람 안에 있는 위로할 길 없는 비밀을 열어젖히려 하고 있습니다. 너무나 가슴 아리는 비밀이기에 우리는 거기다 향수Nostalgia, 낭만Romanticism, 청춘Adolescence 같은 이름을 붙입니다. 나름대로 복수를 하는 거지요. 그러나 그것이 너무나 달콤하게 우리 마음을 파고들기 때문에 아주 친밀한 대화에서 그것에 대해 말하려 하면 그만 어색해져서 자기도 말도 안 된다고 생각한다는 식으로 둘러댑니다. 숨기고도 싶고 말하고도 싶지만 숨길 수도 말할 수도 없는 비밀입니다. 말할 수 없는 이유는 그것이 우리가 한 번도 실제로 경험해 보지 못한 대상에 대한 갈망이기 때문입니다. 숨길 수 없는 이유는 우리의 경험이 끊임없이 그것을 암시하고 있고, 마치 상대의 이름만 들어도 표정을 감출 수 없는 연인처럼 그 갈망이 부지중 드러나기 때문입니다. 그래서 우리가 흔히

7) 1608-1674. 영국의 시인.

쓰는 편법은 그 대상을 '아름다움'이라 부르고 그것으로 문제가 모두 끝난 것처럼 행동하는 겁니다. 워즈워스William Wordsworth[8])가 찾은 해결책은 그 대상을 과거의 특정 순간들과 동일시하는 것이었습니다. 하지만 이 모든 시도는 다 속임수에 불과합니다. 워즈워스가 과거의 어떤 순간들로 돌아간다 해도, 갈망의 대상 자체는 발견하지 못하고 그것을 상기시키는 일들만을 보게 될 것입니다. 그의 기억에 남아 있는 순간들 역시 또 다른 순간에 대한 기억임이 드러날 것입니다. 우리가 어떤 책이나 음악 안에 아름다움이 놓여 있다고 생각하고 거기에 기대를 걸면 결국 배신당하고 말 것입니다. 아름다움은 책이나 음악 **안에** 있는 것이 아니라 그것들을 **통해** 주어졌을 뿐이며 그 실체는 결국 갈망입니다. 아름다움, 과거의 기억 등은 우리가 정말 바라는 대상에 대한 좋은 이미지이지만, 그것들을 대상 자체로 오해하면 어리석은 우상들로 변질되어 숭배자들은 결국 상심하고 맙니다. 그것들은 우리가 발견하지 못한 꽃의 향기이고, 들어 보지 못한 곡조의 메아리이고, 우리가 아직 방문하지 못한 나라에서 온 소식입니다. 제가 주문을 걸려는 것 같습니까? 어쩌면 그럴지도 모릅니다. 하지만 어렸을 때 들었던 동화를 기억해 보십시오. 주문은 마법을 걸 때도 쓰지만 깨뜨릴 때도 씁니다. 그리고 여러분과 저를 백 년 가까이 사로잡고 있던 세속성의 사악한 마법

---

8) 1770–1850. 영국의 낭만파 시인.

에서 깨어나려면 가장 강력한 주문이 필요합니다. 우리가 받은 교육 대부분은 이 수줍고 끈질긴 내면의 목소리를 막아 버리기 위한 것이었기 때문입니다. 대부분의 현대 철학은 이 땅에서 인간의 행복을 찾을 수 있다고 믿게 하기 위해 고안되었습니다. 하지만 진보나 창조적 진화를 주장하는 철학들도 우리의 진짜 목표가 다른 곳에 있음을 마지못해 증언하고 있다는 것은 놀라운 일입니다. 그런 철학의 대변자들이 이 땅이 우리 집이라고 주장할 때, 그 얘기를 어떻게 펼쳐 가는지 잘 들어 보십시오. 먼저 그들은 이 땅을 천국으로 만들 수 있다고 설득합니다. 이 땅에서 유랑하는 신세임을 아는 우리의 정확한 직감에 호소하는 겁니다. 그다음, 그들은 이 다행한 사건이 먼 미래에 일어날 일이라고 말함으로 지금 여기는 우리의 본향이 아니라는 우리의 직감에 편승하려 듭니다. 그러고 나서, 그들은 설령 그들이 약속한 모든 행복이 이 땅의 인간에게 찾아올 수 있다 해도, 각 세대는 죽음으로 그것을 잃게 되고 결국 최후의 세대까지 죽고 나면 아무것도 남지 않게 되어 역사 전체가 영원히 무無가 되고 말 것이라는 사실을 우리가 깨닫지 못하게 하기 위해 온갖 수사를 닥치는 대로 동원합니다. 영원을 향한 우리의 갈망이 깨어나게 되면 모든 것을 망치게 될 테니까요. 쇼 선생George Bernard Shaw[9]이 릴리스Lilith[10]의 마지막 대사에다 집어넣은 온갖 헛소리도

---

9) 1856–1950. 영국의 극작가.

그렇고, 엘랑비탈*élan vital*[11]이 모든 장애물, 어쩌면 죽음까지 극복할 수 있다는 베르그송Henri Bergson[12]의 말도 비슷한 시도입니다. 하지만 지구상에서의 사회적, 생물학적 발전이 태양의 노쇠를 지연시키거나 열역학 제2법칙을 뒤집을 수 있다는 식의 말을 누가 믿을 수 있겠습니까.

그들이야 뭐라고 하건, 우리에게는 어떤 자연적인 행복도 채우지 못할 갈망이 여전히 남아 있습니다. 현실이 그 갈망을 채워 줄 거라고 생각할 일말의 근거라도 있습니까? "배고픈 상태가 빵이 있다는 증거는 아니다"라는 말이 있습니다. 하지만 저는 이 반론이 요점을 놓치고 있다고 생각합니다. 누군가가 배가 고프다는 사실이 그가 빵을 얻게 될 것임을 보증하지는 못합니다. 그는 대서양의 뗏목 위에서 굶어 죽을 수도 있습니다. 하지만 사람의 굶주림은 그가 음식을 먹음으로 육신을 유지하는 종족이며 먹을거리가 있는 세상에 산다는 사실을 충분히 입증합니다. 이와 마찬가지로, 낙원을 향한 제 갈망이 욕구가 앞으로 제가 낙원을 누리게 될 것임을 보증하진 못하지만(그럴 수 있다면 좋겠습니다), 그 갈망은 어딘가 낙원이 존재하며 누군가는 그것을 누리게 될 것임을 보여 주는 썩 훌륭한 징조라고

---

10) '악'을 상징하는 신화적 여성으로 버나드 쇼의 *Back to Methuselah*에 등장한다.

11) '생의 약동'이라는 뜻. 끊임없이 유동하는 생명의 연속적인 분출을 뜻하며, 모든 생명의 다양한 진화나 변화의 밑바닥에 존재하여 그 비약적 발전을 추진하는 근원적 힘을 가리킴.

생각합니다. 한 남자가 한 여자를 사랑한다고 해서 그녀를 반드시 얻으리라는 보장은 없습니다. 하지만 이것은 남녀가 서로를 사랑하도록 만들어졌다는 증거라고 볼 수 있습니다. 이성에 대한 사랑이란 게 없는 세계에서는 '사랑에 빠진다'는 현상이 존재할 수 없을 테니까요.

그럼 우리 안에 있는 천국을 향한 갈망이 증거하는 바는 무엇일까요. 도대체 보이지도 않는 천국에 대해 생각하노라면 길을 잃은 듯 막연하고 모호해질 따름입니다. 성경은 천국에 대해 어느 정도 밝혀 주고 있습니다. 물론 상징적인 기록입니다. 천국은 정의상 우리의 경험 바깥에 있지만, 우리가 이해할 수 있으려면 우리가 경험할 수 있는 것들로 묘사해야 합니다. 따라서 천국에 대해 성경이 묘사하고 있는 그림은 상징입니다. 마찬가지로 우리가 이 갈망의 대상에 대해 성경의 도움 없이 그리는 그림 역시 상징인 것입니다. 천국은 사실 우리가 생각하는 아름다운 자연이나 멋진 노래도 아니고, 성경이 그리는 것처럼 보석으로 가득한 곳도 아닙니다. 성경의 천국 이미지가 우리의 생각과 다른 점이 있다면, 권위를 갖고 있다는 점입니다. 그것은 우리보다 하나님께 더 가까웠던 저자들이 전해 준 것이고 수세기에 걸쳐 그리스도인들의 체험을 통해 검증되었습니다. 하지만 권위 있는 천국 이미지는 제게 별로 매력적으로 다가오지 않았습니다. 그 이미지를 보고 있으면 천국에 대한 욕구가 강해지기보다는 오히려 식어 버렸습니다. 그런데 그렇게 되어야 마땅합니다. 기독교가 그 머나먼 땅에 대해 말해 주는 내용이 제가 스스로 짐작했던 수준을 넘지 못한다면, 기독교가 제 수준을 넘지 못한다는 말이 될 겁니다. 기독교가 제게 천국에 대해 알려 줄 내용이 있다면, 그 내용은 당장에는 '제가 생각해 낸 것들'보다 오히려 매력이 덜할 거라고 예상할 수 있습니다. 방금 셸리의 시를 이해하게 된 소년의 눈에 들어온 소포클레스의 시는 지루하기만 할 뿐 아무런 감흥도 주지 못합니다. 기독교가 객관적인 실체를 담고 있다면, 그 안에 있는 당혹스럽고 거부감이 드는 요소들을 외면해서는 절대 안 됩니다. 바로 그 요소들이 우리가 아직까지 몰랐던 내용, 이제라도 알아야 할 사실을 숨기고 있을 것이기 때문입니다.

천국에 대한 성경의 약속들은 대략 다섯 가지 항목으로 압축할 수 있습니다. 첫째, 우리는 그리스도와 함께 있을 것입니다. 둘째, 우리는 그리스도처럼 될 것입니다. 셋째, 엄청나게 풍부한 이미지로 보건대, 우리는 '영광'을 얻게 될 것입니다. 넷째, 우리는 어떤 의미에서 잘 먹거나, 대접을 받거나, 즐거워하게 될 것입니다. 끝으로, 우리는 우주에서 일종의 공식적인 지위를 얻게 될 것입니다. 그래서 도시들을 다스리고, 천사들을 심판하고, 하나님의 성전의 기둥이 될 것입니다. 이 약속들에 대해 제가 묻고 싶은 첫 번째 질문은 이것입니다. "첫 번째 약속을 제외한 다른 약속들은 왜 필요한가?" 그리스도와 함께 있는 것 외에 무엇이 더 필요합니까? 어느 옛 저술가가 말한 바와 같이, 하나님과 다른 모든 것을 다 가진 사람이 하나님만 가진 사람보다 더 많이 가진 것은 아닙니다. 이 질문에 답하려면 상징의 본질이 무엇인지 이해해야 한다고 생각합니다. 처음 볼 때는 놓치기 쉬운 사실이지만, 그리스도와 함께 있다고 할 때 우리 대부분이 떠올리는 개념은 나머지 약속들 못지않게 상징적인 것입니다. 가까운 거리에서 그리스도와 지금 우리가 아는 식의 사랑의 대화를 나누는 장면이 펼쳐지면서, 그리스도의 신성은 밀어낸 채 그분의 인성만을 강조하게 되는 거지요. 이 첫 번째 약속에만 주목하는 그리스도인들은 여기에다 아주 세속적인 이미지, 즉 혼인의 이미지와 관능의 이미지들을 대입하게 됩니다. 그런 이미지들이 좋지 않다고 말하는 것은 절대 아닙니다. 오히려 저는 지금보다 그 이미지에 더 깊이 들어갈 수 있기를 진심으로 바라고 언젠가 그렇게 되기를 기도합니다. 하지만 이 약속은 실체와 같은 면뿐 아니라 다른 측면도 있는 상징일 뿐이므로 다른 약속들 안에 담긴 다른 상징들을 통한 교정이 필요합니다. 서로 다른 듯 보이는 이 약속들이 있다고 해서 하나님 외의 다른 것도 우리의 궁극적 축복이 될 거라는 뜻이 아닙니다. 인격 이상이신 하나님과 함께하는 기쁨을 우리가 지금 알고 있는 인간적 사랑에 대한 경험으로만 상상해서 별 수 없는 편협함과 긴장과 단조로움이 얽힌 상태라고 단정 짓지 않도록 하기 위해, 십여 가지의 서로 다른 이미지들, 약속들이 주어진 것입니다. 그것들이 서로서로를 바로잡고 완화시켜 주는 역할을 하도록 말입니다.

이제 영광의 개념을 생각해 보겠습니다. 천국에서 얻을 영광은 신약성경과 초기 기독교 저술에서 아주 두드러진 주제였습니다. 구원은 종려 가지, 면류관, 흰옷, 보좌, 태양과 별 같은 광채와 줄곧 이어져 표현되고 있습니다. 이 모두가 당장은 제게 전혀 매력적으로 다가오지 않는데, 아마도 이런 상태가 현대인의 전형이 아닐까 합니다. 영광이라고 하면 저는 두 가지 생각이 떠오릅니다. 그중 하나는 사악한 듯하고 또 하나는 우스꽝스럽습니다. '영광' 하면 명예 또는 광휘가 떠오릅니다. 명예의 경우, 유명해진다는 것은 다른 사람들보다 많이 알려진다는 뜻이고, 명예욕은 경쟁심에서 나온 것이므로 제게는 천국이 아니라 지옥의 욕망으로 보입니다. 광휘의 경우, 살아 있는 전구 비슷하게 되고 싶어 하는 사람이 있을까요?

이 문제를 살펴보기 시작했을 때, 저는 토마스 아퀴나스, 밀턴, 존슨Samuel Johnson[13]처럼 서로 성향이 전혀 다른 그리스도인들이 천국의 영광을 명예나 좋은 평판의 의미로 곧이곧대로 받아들이는 것을 보고 깜짝 놀랐습니다. 그러나 그것은 우리 같은 피조물들이 부여하는 명예가 아니라 하나님이 알아주시는 명예, 그분의 인정 내지 (이렇게 말해도 된다면) '고마움을 표시하는 것'이었습니다. 이 문제를 곰곰이 생각해 보고 난 뒤 저는 이 견해가 성경적임을 알게 되었습니다. 달란트 비유에서 하나님은 "잘 하였도다 착하고 충성된 종아"라고 명백하게 **치사**致謝하지 않으셨습니까? 이것을 깨닫고 나

---

13) 1709-1784. 영국의 시인·비평가·사전 편찬자.

자, 제가 평생 생각해 왔던 많은 것들이 카드로 쌓은 집처럼 무너져 버렸습니다. 어린아이처럼 되지 않으면 천국에 들어갈 수 없다는 말씀이 갑자기 기억났습니다. 칭찬받을 때 가식 없이 한껏 기뻐하는 것은 아이(으스대는 아이 말고 착한 아이 말입니다)에게서 가장 두드러진 모습입니다. 그런 모습은 아이뿐 아니라 개나 말에게서도 볼 수 있습니다. 겸손에 대한 오해 때문에 저는 그 오랜 세월 동안 가장 겸손하고, 가장 천진난만하고, 가장 피조물다운 기쁨을 이해하지 못했습니다. 그것은 낮은inferior 존재만이 누릴 수 있는 기쁨입니다. 짐승이 사람 앞에서, 아이가 아버지 앞에서, 학생이 교사 앞에서, 피조물이 창조주 앞에서 누리는 즐거움입니다. 저는 이 가장 순수한 욕구가 인간의 야망과 섞여 얼마나 끔찍하게 뒤틀릴 수 있는지, 기쁘게 해 드려야 할 대상에게서 칭찬받는 합당한 기쁨이 얼마나 빨리 자화자찬이라는 치명적 독으로 변하는지도 경험적으로 알고 있습니다. 하지만 저는 그런 변질이 일어나기 전, 제가 합당하게 사랑하고 경외했던 사람들을 기쁘게 해 주었다는 순수한 만족감을 누리는 순간—극히 짧은 순간—을 포착할 수 있었습니다. 그것만으로도 지금의 우리로선 생각도 못할 상황을 상상하게 하기에 충분합니다. 그것은 도무지 바랄 수도 없고 믿기도 어렵지만, 구속救贖받은 영혼이 자신의 창조 목적을 성취하여 창조주를 기쁘게 해 드렸다는 사실을 마침내 알게 될 때 벌어질 상황입니다. 그때 허영이 들어설 자리는 전혀 없을 것입니다. 구속받은 영혼은 그것이 자기가 이룬 일이라는 파렴치한 환상에 결코 빠지지 않을 것입니다. 지금 우리가 늘어놓는 자화자찬 비슷한 기미는 전혀 없이, 그날의 영혼은 하나님이 만들어 주신 자기 모습에 순수하게 기뻐할 것이고, 오래된 열등의식에서 영원히 벗어나는 순간 교만은 바다 깊숙이 빠진 프로스페로[14]의 마법책보다 더 깊은 곳으로 잠겨 버릴 것입니다. 완전한 겸손은 겸손을 표현할 필요를 없애 줍니다. 하나님이 만족하시는 작품이라면, 그 작품 또한 자신에게 만족해도 좋을 것입니다. "왕의 칭찬은 잠자코 받아들이는 것이 도리입니다."[15] 천국은 하나님이 우리 등을 두드려 주시는 곳이라는 제 생각이 그리 맘에 들지 않는 분도 있을 것입니다. 하지만 그 반감 배후에는 교만함에서 비롯한 오해가 자리잡고 있습니다.

우주의 궁극적 기쁨 혹은 궁극적 두려움의 대상이신 하나님은 결국 둘 중 한 가지 표정으로 우리 각자를 대하셔서 말로 표현할 수 없는 영광을 주시거나 치료할 수도 숨길 수도 없는 수치를 당하게 하실 것입니다. 지난 번 한 잡지에서 하나님에 대한 우리의 생각이 가장 중요하다는 내용의 글을 읽었습니다. 그러나 하나님이 보실 때는 전혀 그렇지 않습니다! 우리에 대한 하나님의 생각이 그보다 무한히 더 중요합니다. 하나님에 대한 우리의 생각은, 우리에 대한

---

14) 셰익스피어의 희곡 《템페스트》의 주인공.
15) 국왕 조지 3세를 만났을 때 극찬의 말을 들은 새뮤얼 존슨이, 왕의 칭찬에 대해 어떻게 응대했느냐는 친구의 물음에 대답한 말을 루이스가 변형하여 인용한 것.

하나님의 생각과 관련이 없다면, 전혀 중요하지 않습니다. 성경에는 우리가 그분 "앞에 서게"[16] 될 거라고 적혀 있습니다. 그분 앞에 출두해서 검사를 받을 거라는 말입니다. 그런데 우리에게 믿기 어려울 만큼 영광스러운, 그리스도의 사역으로만 가능한 약속이 주어졌습니다. 우리 중 누구든 그 약속을 받아들이는 사람은 그 검사를 통과하고 인정 받아 하나님을 기쁘게 해 드릴 거라는 약속입니다. 하나님을 기쁘시게 하고, 하나님의 행복에 실제로 기여하고, 하나님의 사랑을 받는다니……. 그저 불쌍히 여김을 받는 정도가 아니라 예술가가 자기 작품을 기뻐하듯, 아버지가 아들을 기뻐하듯 하나님의 기뻐하심을 받는다니……. 이 모든 것은 불가능해 보이는 일이며, 그 영광의 무게 내지 부담은 생각하기조차 벅찰 정도입니다. 하지만 이것은 사실입니다.

자, 이제 무슨 일이 벌어졌는지 보십시오. 제가 영광이라는, 천국에 대한 성경의 권위 있는 이미지를 거부하고 제게 천국을 가리켜 보여 준 유일한 단서였던 모호한 갈망에만 고집스럽게 매달렸다면, 그 갈망과 기독교에서 약속하는 영광의 연관성을 전혀 알지 못했을 것입니다. 그러나 다소 어리둥절하고 거부감이 들긴 해도 성경이 말하는 내용을 끝까지 따라갔더니 참으로 놀랍게도 그 연관성이 완벽하고 분명하게 드러납니다. 기독교가 제게 소망하라고 가르치는

---

16) 누가복음 21장 36절 참조.

영광은 제 원래의 갈망을 채워 주고 제가 미처 알아채지 못했던 그 갈망에 내재된 요소까지 드러내 줍니다. 제가 원하는 것에 대한 생각을 잠시 멈춤으로써 제가 정말 원했던 것을 더 잘 배우게 되었습니다. 몇 분 전, 저는 우리의 영적 갈망을 묘사하면서 가장 흥미로운 특성 하나를 빠뜨렸습니다. 우리가 영적 갈망을 알아채는 순간은 대개 짧은 환상이 막 사라지거나, 음악이 끝나거나, 경치가 천상의 빛을 잃어갈 때라는 사실입니다. 키츠는 "평소의 자신으로 돌아가는 여행"이라는 시구로 그런 때의 느낌을 잘 표현했습니다. 무슨 말인지 아실 것입니다. 우리는 잠시 동안 그 세계에 속했다는 환상에 젖었다가 문득 환상에서 깨어나 그렇지 않음을 발견합니다. 우리는 구경꾼에 불과했던 것입니다. 아름다움이 미소를 지었으나 우리를 반기는 미소가 아니었습니다. 그 얼굴이 우리 쪽으로 향했으나 우리를 보는 것이 아니었습니다. 그 세계는 우리를 받아들이지도, 반기지도, 춤마당에 들이지도 않았습니다. 우리가 가려면 가고, 원하면 머무는 것도 무방하지만, "아무도 우리를 주목하지 않습니다." 과학자들은 우리가 아름답다고 부르는 대상이 대부분 무생물이기 때문에 그것들이 우리를 주목하지 않는다 해도 별로 놀랄 것 없다고 대답할지 모릅니다. 물론 맞는 말입니다. 하지만 제가 말하고 있는 것은 그런 물리적 대상들이 아니라 그것들이 잠시 전달자가 되어 전해 주는, 형언할 수 없는 메시지입니다. 그 달콤한 메시지가 한편 쓸쓸하게 느껴지는 이유는 그것이 대부분 우리에게 보내는 메시지가 아니라 우리가 엿들은 내용인 듯하기 때문입니다. 씁쓸하다는 표현은 적개심이 아니라 고통을 뜻합니다. 우리는 눈길을 달라고 감히 요청하지 못하고 갈망으로 수척해집니다. 이 우주에서 이방인 취급을 당하는 느낌, 인정받고 반응을 얻고 우리와 실재 사이에 크게 벌어진 틈을 잇고 싶은 갈망이 우리의 위로받을 길 없는 비밀의 일부입니다. 이런 관점에서 볼 때, 앞에서 말한 영광의 약속은 우리의 깊은 갈망에 딱 들어맞습니다. 영광은 하나님이 좋게 보심, 하나님이 받아 주심, 반응, 인정, 만물의 중심으로 환영받아 들어감을 뜻하기 때문입니다. 우리가 평생 두드렸던 문이 마침내 열리는 것입니다.

영광을 하나님이 '알아주시는' 상태로 묘사하는 것이 다소 유치해 보일 수도 있습니다. 하지만 이것이 바로 신약성경이 말하는 바라고 해도 과언은 아닙니다. 사도 바울은 하나님을 사랑하는 사람들에게, 하나님이 그들을 알아주실 거라고 약속합니다.[17] 우리의 예상과 달리, 그들이 하나님을 알게 될 거라고 말하지 않습니다. 이상한 약속입니다. 하나님은 언제나 모든 것을 아시지 않습니까? 그러나 같은 맥락에서 신약성경의 또 다른 구절에서는 섬뜩한 울림을 들을 수 있습니다. 그 구절은 우리 중 누구라도 마침내 하나님의 얼굴 앞에 설 때에 "내가 너희를 도무지 알지 못하니……내게서 떠나가라"[18]는 끔

---

17) 고린도전서 8장 3절. — 지은이 주로서 이하 *로 표기한다.

찍한 말씀을 듣게 될 수 있다고 경고합니다. 그 상황을 우리의 지성은 이해할 수 없고 우리의 감성도 감당할 수 없지만, 어떤 의미에서 우리는 모든 곳에 계신 하나님의 임재에서 쫓겨나고 모든 것을 아시는 분의 인식에서 지워질 수 있습니다. 우리는 완전히 철저하게 **바깥에** 남겨질 수 있습니다. 쫓겨나고, 유배당하고, 소외되고, 결국에는 이루 말할 수 없이 무시당할 수 있습니다. 반면, 우리는 들어오라는 부름을 받고, 환영받고, 영접받고, 인정받을 수 있습니다. 우리는 이 믿기 어려운 두 가능성 사이에서 매일 칼날 위를 걸어갑니다. 그렇다면, 우리가 평생 시달린 향수, 우리가 끊어져 나와 지금은 분리된 우주의 그 무엇과 재결합하고 싶은 갈망, 평생 바깥에서만 지켜봤던 문 안으로 들어가고 싶은 갈망은 단순히 신경증적인 상상이 아니라 우리의 실제 상황을 가장 정확하게 보여 주는 지표라고 할 수 있습니다. 마침내 안으로 불려 들어가는 그 일은 우리의 공로로 도저히 얻을 수 없는 영광이자 명예인 동시에 그 오랜 아픔을 낫게 해 줄 것입니다.

이제 영광의 다른 의미, 밝음과 광채와 광휘로서의 영광을 말할 때가 되었습니다. 우리는 해처럼 빛날 것이며, 새벽별을 받게 될 것입니다.[19] 그리고 이제 그 의미를 어느 정도 알 것 같습니다. 물론,

---

18) 마태복음 7장 23절.
19) 요한계시록 2장 28절 참조.

어떤 면에서 하나님은 우리에게 새벽별을 벌써 주셨습니다. 날씨가 좋은 날, 이른 새벽에 일어나 밖에 나가면 그 선물을 즐길 수 있습니다. 거기서 무엇을 더 원하겠느냐고 물으실 분도 있겠습니다만 우리는 훨씬 더 많은 것을 원합니다. 이에 대해 미학美學 서적들은 별로 주목하지 않지만 시인들과 신화는 다 알고 있습니다. 물론 아름다움을 **보는** 것만도 대단한 혜택이지만 우리는 그 정도에서 만족하지 않습니다. 말로 표현하기는 어렵지만, 다른 무언가를 원합니다. 우리가 보는 아름다움과 연합하고, 그 안으로 들어가고, 그것을 우리 안에 받아들이고, 그 안에 잠기고, 그 일부가 되기를 원합니다. 우리가 하늘과 땅과 물을 신과 여신과 님프와 요정들이 사는 곳으로 상상하는 것도 이 때문입니다. 우리는 할 수 없지만, 우리가 상상한 존재들이 (자연이 이미지로 보여 주는) 그 아름다움과 우아함과 힘을 만끽할 수 있게 하는 것입니다. 시인들이 우리에게 너무나 사랑스러운 거짓말을 하는 것도 이 때문입니다. 그들은 서풍이 정말 인간 영혼 안으로 불어들 수 있는 것처럼 말합니다만 그럴 수는 없습니다. "졸졸거리는 소리에서 태어난 아름다움"[20]이 사람의 얼굴에 들어갈 수 있는 것처럼 말하지만 그런 일은 없습니다. 아니, 아직은 그럴 수 없다고 해야겠습니다. 성경의 이미지를 진지하게 받아들이고 하나님이 언젠가 우리에게 새벽별을 **주시고** 태양의 광채를 **입게**

---

20) 윌리엄 워즈워스의 시 'Three Years She Grew'의 구절.

하실 것을 믿는다면, 고대의 신화와 현대의 시들이 역사로서는 틀렸을지 몰라도 예언처럼 진실에 무척 가깝다고 생각해도 좋을 것입니다. 현재 우리는 그 세계의 바깥, 그 문의 바깥쪽에 있습니다. 우리는 아침의 신선함과 깨끗함을 인식하지만 그것이 우리를 신선하고 깨끗하게 만들지는 못합니다. 우리는 우리가 보는 그 광채와 뒤섞일 수가 없습니다. 그러나 신약성경의 모든 나뭇잎들은 언제나 그렇지는 않을 거라는 소문을 퍼뜨리며 바스락거리고 있습니다. 언젠가, 하나님이 허락하시면, 우리는 **안으로** 들어갈 것입니다. 인간의 영혼은 무생물이 묵묵히 하나님께 순종하는 만큼 자발적으로 그분께 완전히 순종하게 될 때 자연의 영광을 덧입게 될 것입니다. 아니, 자연이 초벌 스케치 정도로 느껴질 만큼 더 큰 영광을 덧입을 것입니다. 제 말을 자연에 흡수된다는 식의 이교도적 공상으로 생각하시면 안 됩니다. 자연은 필멸의 존재이지만 우리는 자연보다 오래 존재하게 됩니다. 모든 항성과 성운이 사라져 버린 후에도 우리 각 사람은 여전히 살아 있을 것입니다. 자연은 이미지요 상징에 불과합니다. 그러나 성경이 추천하는 상징입니다. 우리는 자연을 통해, 자연을 넘어, 자연이 시원찮게 반영하고 있는 그 광채 속으로 들어오라는 부름을 받습니다.

거기 자연 너머에서, 우리는 생명나무의 열매를 먹을 것입니다. 그리스도 안에서 거듭난 사람의 경우, 그 영靈은 직접 하나님을 의지하여 살아갑니다. 하지만 정신과 몸, 특히 몸은 하나님으로부터

오는 생명을 조상들과 음식과 여러 요소들을 통해 수천 단계를 거쳐서 받습니다. 하나님이 세상을 만드셨을 때 창조의 기쁨으로 물질 안에 심어 놓으신 그 에너지원이 수없이 많은 단계를 거쳐 희미하게 남긴 결과들을 이제 우리가 물리적 즐거움으로 누리고 있습니다. 그렇게 걸러져 왔는데도 현재의 우리가 감당하기에 여전히 벅찹니다. 이 같은 하류에서도 수질이 이처럼 훌륭하다면 수원水原에서 맛보는 물맛은 어떻겠습니까? 저는 우리 앞에 놓인 것이 그와 같다고 믿습니다. 우리의 전 존재가 기쁨의 샘에서 기쁨을 마시게 될 것입니다. 어거스틴이 말한 것처럼, 구원받은 영혼의 기쁨이 "넘쳐 흘러" 영광스럽게 변한 몸 안으로 들어갈 것입니다. 현재와 같이 제한되고 타락한 우리의 성향으로는 이 폭포수 같은 기쁨torrens voluptatis을 상상할 수 없습니다. 분명히 경고하지만 상상하려 들지 마십시오. 하지만 혼령ghost만 구원받는다거나 부활한 몸은 아무 감각이 없을 거라는 생각은 이보다 훨씬 더 잘못된 생각이니 이 또한 머리에서 몰아내라고 말씀드려야겠습니다. 몸 역시 주님을 위하여 지음 받은 것이니, 그런 음울한 공상은 크게 빗나간 것입니다.

그러나 영광의 면류관 이전에는 십자가가 있고 내일은 또 다른 한 주를 시작해야 합니다. 무자비한 세상의 벽에 틈이 벌어졌고, 우리의 위대한 대장께서는 우리에게 그분을 따라 그 틈 안으로 들어오라 초청하십니다. 그분을 따르는 일은 너무나 중요합니다. 그렇다면, 제가 이제까지 늘어놓은 영광에 관한 추측들이 예수님을 따라 오늘을 사는 데 무슨 효용이 있느냐고 물을 수 있을 것입니다. 저는 적어도 한 가지는 생각할 수 있습니다. 각 사람이 장차 자기가 누리게 될 잠재적 영광에 대해 아주 많이 생각하는 일은 가능할지 모릅니다. 그러나 이웃 사람의 영광에 대해 꽤 많이 혹은 깊이 생각하기란 거의 불가능합니다. 그러므로 이웃의 영광의 짐, 무게, 부담이 우리 등에 얹혀야 합니다. 그 짐은 너무나 무거워서 겸손해야만 질 수 있습니다. 교만한 사람의 등은 그 짐에 눌려 부러지고 말 것입니다. 신이나 여신이 될 수 있는 사람들과 어울려 산다는 것은 보통 일이 아닙니다. 우리가 만나는 더없이 우둔하고 지루한 사람이라도 언젠가 둘 중 하나가 될 것입니다. 미래의 그 모습을 우리가 볼 수 있다면 당장에라도 무릎 꿇고 경배하고 싶어질 존재가 되거나, 지금으로선 악몽에서나 만날 만한 소름끼치고 타락한 존재가 되거나. 이 사실을 꼭 기억하고 살아야 합니다. 하루 종일 우리는 서로가 둘 중 한 목적지 쪽으로 다가가도록 어느 정도 돕고 있습니다. 우리는 이 두 가지 엄청난 가능성을 염두에 두고 모든 사람을 대해야 합니다. 서로에게 합당한 경외심과 신중함을 갖고 모든 우정, 사랑, 놀이, 정치 행위에 임해야 합니다. **평범한** 사람은 없습니다. 우리가 대화를 나누는 이들은 그저 죽어서 사라질 존재가 아닙니다. 국가, 문화, 예술, 문명과 같은 것들은 언젠가 사라질 것이며 그것들의 수명은 우리 개개인에 비하면 모기의 수명과 다를 바 없습니다. 그러나 우리가 농담을 주고받고, 같이 일하고, 결혼하고,

무시하고, 이용해 먹는 사람들은 불멸의 존재들입니다. 불멸의 소름끼치는 존재가 되거나 영원한 광채가 될 이들입니다. 그렇다고 우리가 언제나 엄숙해야 한다는 뜻은 아닙니다. 우리는 놀 줄 알아야 합니다. 하지만 우리의 유쾌함은 처음부터 서로를 진지하게 받아들이는 사람들이 나누는 유쾌함이어야 합니다(사실 그래야 가장 유쾌합니다). 경박하거나 우월감을 갖거나 주제넘은 생각을 해서는 안 됩니다. 그리고 우리는 죄인은 사랑하되 죄는 더없이 미워하는 실질적이고 희생적인 사랑을 해야 합니다. 유쾌함을 흉내 낸 경박함이나 사랑을 흉내 낸 묵인이나 방치는 안 됩니다. 우리의 오감이 경험할 수 있는 가장 거룩한 대상은 성찬의 빵과 포도주이고, 그 다음은 우리의 이웃입니다. 그 이웃이 그리스도인이라면 거의 성찬만큼이나 거룩합니다. 그 안에 참으로 숨어 내주시는*vere latitat* 그리스도가 계시기 때문입니다. 그의 안에는 영광스럽게 하시는 분이자 영광을 받으시는 분, 영광 자체께서 참으로 숨어 계십니다.

전시의 학문

Learning in War-Time

.

대학은 학문을 추구하는 사회입니다. 학생 여러분은 학문을 닦아, 중세의 표현을 빌리자면 식자clerk, 즉 철학자, 과학자, 학자, 평론가, 역사가가 될 사람들입니다. 세계대전이 벌어지고 있는 지금 학문을 하는 것은 일견 이상해 보입니다. 마무리할 가능성이 거의 없는 임무를 시작하는 것이 무슨 의미가 있단 말입니까? 아니, 설혹 우리가 죽음이나 군복무로 공부를 중단하는 일이 생기지 않는다 해도, 친구들의 목숨과 유럽의 자유가 위기에 처한 상황에서 이런 한가로운 일에 관심을 가져야 할 이유가 있을까요? 아니, 어떻게 그럴 수가 있습니까? 그것은 불타는 로마를 보며 바이올린을 켜는 꼴 아닙니까?

우리가 이 질문들에 대답할 수 있으려면 우선 이 질문들을 내려 놓고 평화 시에 모든 그리스도인이 진작 생각해 보았어야 하는 다른 질문들을 먼저 챙겨야 할 듯합니다. 방금 저는 로마가 불타고 있는데 바이올린을 켜는 이야기를 했습니다. 하지만 그리스도인은, 도시가 불타는데 바이올린을 켠 것이 아니라 지옥의 문턱에서 바이올린을 켰다는 점을 네로의 진정한 비극으로 여겨야 합니다. 노골적인 단어를 사용한 것을 양해해 주십시오. 사실 오늘날에는 저보다 현명하고 훌륭한 많은 그리스도인들이 설교단에서도 천국과 지옥을 언급하지 않으려 한다는 것을 잘 알고 있습니다. 신약성경에서 이 주제를 다루고 있는 구절들이 대부분 한 사람의 입에서 나왔다는 사실도 압니다. 그러나 그 한 사람이 바로 우리 주님이십니다. 사도 바울이 장본인이라는 사람들의 말은 사실이 아닙니다. 감당하기 어려운 이 교리들은 주님이 직접 가르치신 것들입니다. 이 교리들은 그리스도나 그분의 교회의 가르침과 분리할 수 없습니다. 우리가 이것들을 믿지 않는다면, 이 교회에 이렇게 모여 있는 것이 정말 허튼 짓이 될 겁니다. 그러나 만약 우리가 믿는다면, 가끔씩이라도 우리의 영적 허영을 극복하고 이에 관한 얘기를 해야 합니다.

그리고 그렇게 하는 순간, 대학에 오는 모든 그리스도인은 전쟁이 제기한 질문들보다 훨씬 중요한 한 가지 질문을 도저히 외면하지 못하게 됩니다. 그 질문은 이것입니다. "우리는 매순간 천국이나 지옥을 향해 가고 있는 피조물이다. 이런 우리가 세상에서 허락된

짧은 시간의 한 조각이라도 문학이나 예술, 수학이나 생물학 같은 상대적으로 사소한 일들에 사용하는 것이 올바른 일일까? 아니, 그런 일이 심리적으로 어떻게 가능할까?" 인류 문화가 이 질문을 감당할 수 있다면, 어떤 질문도 감당할 수 있을 것입니다. 이 영원한 문제의 그늘에서는 학문에 대한 관심을 유지할 수 있고 유럽 전쟁의 그늘에서는 그럴 수 없다면, 우리의 귀가 이성의 목소리에는 닫혔고 온갖 기분과 감정의 목소리에만 활짝 열려 있다고 말할 수 있습니다.

이것이 참으로 우리 대부분이 처한 상황입니다. 특히 제가 그렇습니다. 그렇기 때문에 현재의 재난을 올바른 시각에서 바라보려는 노력이 중요합니다. 전쟁이 완전히 새로운 상황을 만들어 내지는 않습니다. 원래부터 있던 상황이 더 이상 무시할 수 없을 만큼 악화될 따름입니다. 인간은 언제나 벼랑 끝에서 살아왔습니다. 인류 문화는 언제나 그 자신보다 무한히 중요한 것의 그늘에서 존재해야 했습니다. 아무 문제가 없을 때까지 미뤘다가 지식이나 미를 추구하고자 했더라면 그 추구는 아예 시작되지도 못했을 것입니다. 전쟁을 '정상적인 삶'과 비교한다면 그것은 실수입니다. 우리의 삶이 정상적이었던 때는 한 번도 없었습니다. 우리가 가장 평화로웠다고 생각하는 19세기도 자세히 살펴보면 위기, 불안, 어려움, 긴급 상황들로 가득했었습니다. 임박한 위험을 면한 뒤나 심각한 불의를 바로잡은 뒤에야만 문화적 활동들을 생각할 수 있다면, 이제껏 그럴 만한 시기는 한 번도 없었습니다. 하지만 인류는 당장 지식과 미를 원했고 결코 오지 않을 적당한 순간을 기다리지 않았습니다. 페리클레스 시대의 아테네인들은 신전Pantheon뿐 아니라 추도 연설도 남겼습니다. 이것은 의미심장합니다. 곤충들은 다른 길을 택했습니다. 녀석들은 물질적 부와 안전한 보금자리를 먼저 추구했고 그 보상을 받고 있는 듯합니다. 그러나 인간은 다릅니다. 사람들은 포위된 도시에서도 수학 공리를 내놓고, 사형수 감방에서 형이상학적 논증을 펴고, 교수대를 두고 농담하고, 퀘벡 성채로 진군하면서 새로 지은 시를 토론하고, 테르모필레[1]에서도 머리를 빗었습니다. 이것은 허세가 아니라 우리 인간의 본성입니다.

그러나 우리는 타락한 피조물들이기 때문에 우리의 본성이라고 해서 무조건 그것이 합리적이거나 옳다고 볼 수는 없습니다. 우리는 이런 타락한 세상에서 학자가 활동할 적법한 자리가 과연 있느냐고 물어야 합니다. 즉, 우리는 언제나 이렇게 자문해야 합니다. "어떻게 영혼 구원 외의 다른 일을 생각할 만큼 경박하고 이기적일 수가 있는가?" 그리고 바로 지금은 우리의 대답을 요구하는 질문이 하나 더 있습니다. "어떻게 전쟁 외의 다른 것을 생각할 만큼 경박하고 이기적일 수가 있는가?" 그런데 이 두 질문에 대한 대답은 일

---

1) 기원전 480년 7월 제3차 페르시아 전쟁 때 스파르타 왕 레오니다스가 7천 명의 스파르타 정예군을 이끌고 백만 페르시아 군의 남하를 막기 위해 전투를 벌인 곳.

정 부분 겹칩니다. 첫 번째 질문은 우리의 삶이 철저하고 분명하게 종교적이 될 수 있고 그래야 마땅함을 암시하고 있습니다. 두 번째 질문은 우리의 삶 전체가 철저하게 국가를 위한 것이 될 수 있고 그 래야 한다는 주장입니다. 저는 어떤 의미에서는 우리의 삶 전체가 종교적이 될 수 있고 참으로 그렇게 되어야 한다고 믿습니다. 어떤 의미에서 그런 건지는 나중에 설명하겠습니다. 그러나 그것이 우리 의 모든 활동이 '세속적'이 아니라는 의미에서 '거룩한' 것이 되어야 하고 모든 관계도 같은 의미에서 '거룩해'져야 한다는 뜻이라면, 저 는 두 가지 질문 모두에 대해 같은 대답을 할 것입니다. "그런 일이 마땅한 일이건 아니건, 영혼 구원이나 전쟁만 생각하고 사는 일은 없을 것입니다." 그리스도인이 되기 전, 저는 회심한 후에도 제가 회심 이전에 하던 일과 대부분 같은 일을 하며 살 거라는 사실을 잘 알지 못했습니다. 새로운 정신으로 행하기를 바라지만, 어쨌건 일 자체는 같습니다. 제가 지난 번 전쟁에 참전하기 전에는 참호에서 의 삶이, 어떤 식일지는 몰라도 어쨌든 온통 전쟁뿐일 거라고 생각 했었습니다. 그런데 전선戰線에 가까이 다가갈수록, 연합군의 대의 명분이나 전투의 진행 상황에 대해 말하거나 생각하는 일이 오히려 줄어든다는 것을 알게 되었습니다. 동료들도 그렇게 말하더군요. 게다가 톨스토이도 역사상 가장 위대한 전쟁 소설에서 동일한 사실 을 기록해 놓았습니다. 《일리아드Iliad》도 나름의 방식으로 그렇게 하고 있습니다. 회심도 군 복무도 인간적 생활을 말살해 버리지는 않습니다. 그리스도인도 군인도 여전히 사람입니다. 불신자가 생각하는 종교 생활이나 민간인이 생각하는 현역 복무는 공상에 불과합니다. 어느 경우건 지적 활동과 미적 활동 일체를 보류하려 들면, 결국 저속한 문화생활로 더 나은 문화생활을 대체하게 될 뿐입니다. 교회에서건 전선에서건 아무것도 읽지 않게 되는 일은 없다는 말입니다. 좋은 책들을 읽지 않으면 나쁜 책들을 읽게 될 것이고, 합리적으로 생각하기를 멈춘다면 불합리하게 생각하게 될 것입니다. 미적 만족을 거부하면 감각적 만족에 빠지게 될 것입니다.

우리가 믿는 종교와 전쟁이 주장하는 권리 사이에는 비슷한 점이 있습니다. 우리 대부분의 경우, 회심을 하건 참전을 하건 그 이전까지 살아왔던 생활이 중단되거나 없어지지는 않을 것입니다. 하지만 두 가지가 작용하는 방식은 다릅니다. 전쟁은 우리의 관심을 독차지하지 못할 것입니다. 유한한 대상인 전쟁은 인간 영혼의 관심을 통째로, 계속해서 사로잡기에는 본질적으로 부족하기 때문입니다. 오해를 피하기 위해 여기서 몇 가지 구별을 해야겠습니다. 저는 우리나라의 참전 명분이 인간이 가질 수 있는 명분으로서 아주 의로우므로 참전하는 것이 의무라고 믿습니다. 그리고 모든 의무는 종교적 의무이기도 하므로 그것을 수행해야 할 절대적인 책임이 따릅니다. 예를 하나 들어 보겠습니다. 우리는 물에 빠진 사람을 구할 의무가 있습니다. 위험한 해변 근처에서 사는 경우라면 누군가 물에 빠졌을 경우 언제라도 구조할 수 있도록 인명 구조법을 배울 의

무까지 있을지도 모릅니다. 그를 구하기 위해 목숨까지 버리는 것
이 우리의 의무일 수 있습니다. 그러나 모든 관심을 그 일에만 기울
이면서 인명 구조에 몰두한다면, 그래서 다른 일은 전혀 생각하지
도, 화제에 올리지도 않고 모든 사람이 수영을 배울 때까지 일체의
활동을 해서는 안 된다고 말한다면, 그 사람은 편집광일 것입니다.
그러니까 물에 빠진 사람을 구하는 일은 목숨을 버릴 만한 가치가
있지만 인생의 목표로 삼을 만큼 가치 있는 일은 아닌 것입니다. 저
는 모든 정치적 의무들을(군복무 의무를 포함해서) 이런 식으로 대해야
한다고 생각합니다. 사람은 조국을 위해 죽어야 할 때가 있습니다.
하지만 조국이 누구의 삶도 독점해서는 안 됩니다. 국가나 정당이
나 계급의 일시적 요구에 무조건 굴복하는 사람은 만물 중에서도
하나님의 것임이 가장 분명한 자기 자신을 가이사에게 바치는 꼴입
니다.[2]

　　종교 역시 다른 모든 자연적 활동을 배제하면서 우리의 삶 전체
를 차지할 수는 없습니다. 그러나 그 이유는 위의 경우와 전혀 다릅
니다. 물론, 어떤 의미에서 종교는 삶 전체를 차지해야 합니다. 하
나님의 권리 주장을 문화, 정치, 그 외 다른 무엇의 권리 주장과 타
협할 수 없습니다. 하나님의 권리 주장은 무한하고 가차 없습니다.
우리는 그것을 아예 거부할 수도 있습니다. 아니면 인정하려는 노

---

2) 마태복음 22장 21절 참조.

력을 시작할 수도 있습니다. 하지만 중간의 길은 없습니다. 그럼에
도, 기독교가 사람들의 일상적 활동을 어느 것도 배제하지 않는 것
은 분명합니다. 사도 바울은 사람들에게 하던 일을 계속하라고 말
합니다. 그리스도인들에게 디너파티에 가도 된다고 합니다. 심지어
이교도들이 베푸는 디너파티의 참석도 허락합니다. 우리 주님은 결
혼식에 참석하시고 기적의 포도주를 제공하셨습니다. 기독교가 가
장 활발한 시기에 교회의 후원으로 학문과 예술이 번성했습니다.
물론, 여러분은 이 역설의 해결책을 잘 알고 있습니다. "그런즉 너
희가 먹든지 마시든지 무엇을 하든지 다 하나님의 영광을 위하여
하라."[3]

　우리의 모든 자연적인 활동들, 심지어 가장 비천한 활동들이라도
하나님께 바치면 그분이 받아 주십니다. 하지만 제아무리 고상해
보이는 일이라 해도 하나님께 드려지지 않으면 악한 것이 되고 맙
니다. 기독교는 우리의 자연적인 활동들을 몰아내고 새로운 활동들
로 대체하지 않습니다. 그보다는 우리의 자연적 활동들을 초자연적
목적들에 사용하는 새로운 조직입니다. 물론, 가끔 기독교는 우리
가 일상적으로 추구하는 일들 중 일부나 전부를 포기하라고 요구하
기도 합니다. 그러나 이것은 불가피한 상황에서 내려진 결정입니
다. 이런저런 활동들을 하나님의 영광을 위해 진행하는 것이 더 이

---

3) 고린도전서 10장 31절.

상 불가능해진 특별한 상황입니다. 영적 생명과 인간 활동 자체만 놓고 보면, 둘 사이에 본질적인 불화는 없습니다. 그러므로 그리스도인은 삶의 모든 부분에서 하나님께 순종해야 합니다. 어떤 면에서 이것은 하나님의 무소부재無所不在와 비슷합니다. 하나님은 몸이 공간을 차지하듯, 그분의 일부가 공간의 여러 곳을 채워 다른 물체가 들어설 여지를 막는 식으로 공간을 차지하시지는 않습니다. 하지만 훌륭한 신학자들에 따르면, 그분은 모든 곳에 계십니다. 공간의 모든 지점에 완전히 임재하고 계십니다.

이제 우리와 같이 엄청난 책임을 짊어진 피조물들에게 문화란 변명의 여지가 없는 경박한 행위라는 견해에 답할 차례입니다. 우선, 문화 활동이 그 자체로 영적이고 가치 있다는 일부 현대인들의 생각은 거부합니다. 과연 하나님이 청소부와 구두닦이보다 학자와 시인들을 본질적으로 더 기뻐하실까요? 영어의 '영적spiritual'이라는 뜻의 단어를 독일어의 '정신적geistlich'이라는 뜻으로 처음 사용해서 더없이 위험하고 반反기독교적인 오류를 끌어들인 사람은 매튜 아널드Mathew Arnold[4]였던 것 같습니다. 이제 이 오류를 머리에서 완전히 지워 버립시다. 베토벤 같은 작곡가의 일과 파출부의 일은 정확히 똑같은 조건으로, 즉 하나님께 바쳐지고 "주께 하듯" 겸손하게 할 때만 영적인 일이 됩니다. 물론 방 청소를 할지, 교향곡을 작

---

4) 1822–1888. 영국의 시인, 비평가, 교육자.

곡할지가 동전 던지기로 결정할 문제라는 뜻은 아닙니다. 하나님의 영광을 위하여 두더지는 땅을 파야 하고 수탉은 울어야 합니다. 우리는 한 몸을 이루는 지체들이지만 각자 다른 소명을 받은 구별된 지체들입니다. 가정교육, 재능, 환경은 대개 한 사람의 소명을 판단하는 믿을 만한 지표입니다. 부모님이 우리를 옥스퍼드로 보내셨고, 나라가 우리를 그곳에 머물도록 허락한다면, 일단 이것을 증거로 삼아 현재 우리가 하나님께 최고로 영광을 돌릴 수 있는 삶은 학문하는 삶이라고 생각해도 무방할 것입니다.

물론, 하나님의 영광을 위해 학문을 한다는 말이, 교훈적인 결론 도출을 지적 탐구의 목표로 삼아야 한다는 뜻은 아닙니다. 베이컨의 말처럼, 그것은 진리의 창조자께 거짓의 불결한 제물을 바치는 일이 될 것입니다. 제 말은 지식과 미를 그 자체로 추구하되, 그 욕구를 주신 분이 하나님이심을 인정하라는 뜻입니다. 사람의 마음속에는 진리와 미에 대한 욕구appetite가 존재하고, 하나님이 어떤 욕구를 만드실 때는 다 이유가 있습니다. 그러므로 우리는 지식과 미를 그 자체로 추구하면서도 우리가 직접 하나님을 뵈옵는the vision of God 쪽으로 전진하고 있거나 다른 사람들이 그렇게 하도록 간접적으로 돕고 있음을 확신할 수 있습니다. 우리로서는 지식이나 미에 집중하되 그것들이 하나님을 뵈옵는 일과 궁극적인 연관성이 있는지 너무 염려하지 않는 것이 욕구에 충실한 일이자 겸손한 처사일 것입니다. 그 연관성을 파악하는 것은 우리가 아니라 우리보다 나은 사람들의 몫일지도 모릅니다. 즉, 우리는 당장 보이는 게 없어도 우리 소명에 겸손하게 순종해서 연구를 계속할 따름이고 이후에 나타나는 사람들이 그 영적 의의를 발견할 수도 있을 것입니다. 이것은 충동과 능력이 존재함을 근거로 그것들이 하나님의 계획 안에서 적합한 자리를 차지할 것임을 추론하는 목적론적 논증입니다. 토마스 아퀴나스는 이러한 논증을 사용해 타락이 없었더라도 성욕은 존재했을 거라고 추론합니다. 문화의 경우, 이 논증이 건전한 것임을 경험으로 알 수 있습니다. 지적 생활이 하나님께 가는 유일한 길은 아니고 가장 안전한 길도 아니지만, 하나의 길인 것만은 분명하고 그것이 우리에게 정해진 길일 수 있습니다. 물론 우리가 지적 충동을 순결하고 사심 없이 유지하는 한에서 그럴 것입니다. 그것은 아주 어려운 일입니다. 《독일신학*Theologia Germanica*》의 저자가 말한 것처럼, 우리는 지식의 대상보다 지식 자체, **우리의** 앎을 더 사랑하게 될 수 있습니다. 재능을 활용하는 데서 기쁨을 얻지 않고, 그 재능이 우리의 것이라는 사실, 더 나아가 그것이 가져다주는 명성을 기뻐하게 될 수 있습니다. 학자가 한 단계씩 오르며 성공을 거듭할 때마다 이 위험은 더욱 커집니다. 이런 유혹에 저항할 수 없을 정도가 되면 학문 활동을 포기해야 합니다. 오른쪽 눈을 빼야 할 때가 된 것입니다.[5]

---

5) 마태복음 18장 9절 참조.

이것이 제가 이해하는 학문 생활의 본질입니다. 하지만 학문 생활에는 오늘날에 특히 중요한 간접적 가치가 있습니다. 만약 세상 사람 모두가 그리스도인이라면, 세상 사람 모두가 교육을 받지 않아도 별 문제가 없을 것입니다. 그러나 기독교 바깥에는 엄연히 문화가 존재합니다. 교회 안도 그리 안전한 것은 아닙니다. 우리가 무지하고 무식해서 적을 상대할 능력을 갖추지 못한다면 그것은 무기를 내버리고 항복하는 것과 같고, 이교도들의 지적 공격에 맞설 방어책이 (하나님 외에는) 우리밖에 없는, 교육받지 못한 형제들을 배반하는 꼴이 됩니다. 나쁜 철학에 답하기 위해서라도 좋은 철학은 있어야 합니다. 냉철한 지성을 가진 이들은 반대편 지성뿐 아니라 지성 자체를 송두리째 부인하는 혼란스러운 이교적 신비주의와도 맞서야 합니다.

무엇보다 우리는 과거에 대한 정통한 지식이 필요합니다. 과거에 무슨 마법의 힘이 깃들어 있어서가 아니라, 미래를 연구할 도리가 없는 상황에서 현재와 비교할 대상은 과거밖에 없기 때문입니다. 현재와 과거를 비교해 봐야만 각 시기마다 기본 가정들이 달랐고, 교육받지 못한 사람들의 눈에 확실해 보이는 많은 사실들이 일시적인 유행에 불과함을 기억할 수 있습니다. 여러 장소에서 살아 본 사람은 고향 마을의 지역적 오류에 속을 가능성이 적습니다. 학자는 사상적으로 여러 시대를 살아온 사람이므로 당대의 언론과 확성기에서 억수같이 쏟아지는 허튼 소리에 대항할 만한 면역성이 어느 정도 있습니다.

그렇다면 어떤 사람들에겐 학자의 삶이 의무로 주어져야 할 것입니다. 현재로선 그것이 여러분의 의무인 듯합니다. 우리가 지금까지 살펴본 고상한 문제들이 여러분이 지금 공부하는 앵글로색슨어 음운 법칙, 화학 공식 같은 교과 내용과 우스울 정도로 상관이 없어 보일 수 있다는 점은 저도 잘 압니다. 그러나 모든 소명에는 이와 비슷한 충격이 기다리고 있습니다. 젊은 성직자는 성가대 간식을 준비하게 되고, 젊은 소위는 잼 단지들의 관리를 책임지게 됩니다. 그렇게 되는 것이 마땅합니다. 그런 과정을 거쳐 허영심 강하고 실속 없는 사람들이 걸러지고 겸손하고 강인한 사람들이 남게 되는 겁니다. 그런 종류의 어려움에 대해서는 동정이 전혀 필요 없습니다.

그러나 전쟁으로 인해 생기는 독특한 어려움은 성격이 다릅니다. 여기에 대해서는 앞서 했던 말을 되풀이하겠습니다. 여러분의 기분이나 감정에 이끌려 현재의 곤경을 실제보다 부풀려 생각하지 않도록 조심하십시오. 전쟁은 학자들에게 세 가지 적들을 보냅니다. 그리고 우리는 세 가지 정신 훈련으로 맞설 수 있습니다. 이것이 여러분에게 도움이 되었으면 합니다.

첫 번째 적은 흥분입니다. 맡은 일에 집중하려고 해도 전쟁 생각만 나고 그로 인해 감정이 격해지는 상태입니다. 이 부분 역시 전쟁 때문에 새로운 적이 나타난 것이 아니라 원래 있던 적이 독해졌을 뿐임을 인정하는 것이 최고의 방어책입니다. 학문을 하다 보면 늘

경쟁 상대들을 많이 만나게 됩니다. 우리는 항상 사랑에 빠지기도 하고 싸우기도 하고, 일자리를 구하기도 하고 잃을까 봐 두려워도 하고, 병이 들었다가 회복되기도 합니다. 우리의 관심을 끄는 공공의 문제들도 계속 벌어집니다. 마음을 다잡지 않으면, 이런저런 다른 관심사들이 사라지기를 기다리느라 아예 연구 활동에 본격적으로 착수할 수도 없을 것입니다. 지식을 간절히 원한 나머지 상황이 좋지 않아도 한결같이 추구하는 사람들만이 많은 성과를 거둡니다. 연구에 적합한 상황은 결코 오지 않습니다. 물론 흥분이 주는 압력이 너무나 커서 어떤 초인적인 절제력으로도 감당할 수 없는 순간들이 있습니다. 그런 순간들은 전시나 평시를 가리지 않고 찾아옵니다. 우리는 할 수 있는 한 최선을 다해야 합니다.

두 번째 적은 좌절입니다. 마무리할 시간이 없을 거라는 생각입니다. 제가 여러분에게 누구도 마무리할 시간은 없고, 한 학문 분야에서 아무리 오래 연구한 학자라도 초보자 수준을 벗어나지 못한다는 말씀을 드린다면, 뭔가 상당히 학구적이고 이론적인 말처럼 들릴 것입니다. 그러나 인생이 짧다는 생각이 얼마나 일찍부터 들며, 겨우 중년에 이른 사람이 "그건 할 시간이 없어", "이제 너무 늦었어", "내 몫이 아니야"라고 얼마나 자주 말하는지 알게 되면 여러분은 깜짝 놀랄 것입니다. 여러분 나이에는 그런 생각을 안 하는 것이 자연스럽습니다. 더 그리스도인다운 태도는 미래를 하나님의 손에 맡기는 것입니다. 이런 태도는 나이와 상관없이 얻을 수 있습니다.

우리가 그분께 맡기든 그렇지 않든 하나님이 미래를 손에 쥐고 계실 것이니 그렇게 하는 편이 나을 것입니다. 평시든 전시든, 미덕을 실천하고 행복을 누릴 시간을 미래로 미루지 마십시오. 장기 계획에 너무 얽매이지 말고 매순간 "주께 하듯" 일하는 사람이 무슨 일이건 기분 좋게 가장 잘해 냅니다. 주님은 우리에게 **일용할** 양식만 구하라고 하셨습니다. 현재만이 온갖 의무를 행하고 은혜를 받을 수 있는 시간입니다.

세 번째 적은 두려움입니다. 전쟁은 죽음과 고통으로 우리를 위협합니다. 그 누구도, 죽음과 고통에 대해 무관심하려고 애쓸 필요가 없습니다. 겟세마네를 기억하는 그리스도인이라면 특히 그렇습니다. 하지만 상상력의 환상에 대해서는 경계해야 합니다. 우리는 바르샤바의 거리를 생각하면서 그곳에서 당하는 죽음을 생명이라는 추상 개념과 비교합니다. 그러나 어차피 죽지 않는 사람은 아무도 없습니다. 이렇게 죽느냐 저렇게 죽느냐의 문제일 뿐입니다. 지금 기관총을 맞고 죽느냐, 40년 후 암으로 죽느냐의 차이일 뿐입니다. 전쟁 때문에 죽음이 조금이라도 달라집니까? 어차피 우리는 100퍼센트 다 죽습니다. 전쟁으로 그 비율이 더 늘어날 수는 없습니다. 전쟁 때문에 더 일찍 죽는 사람들은 있습니다만, 우리가 두려워하는 것이 일찍 죽는다는 것 자체 같지는 않습니다. 마지막 순간이 찾아올 때, 우리가 몇 년이나 살았는지는 크게 중요하지 않을 것이 분명합니다. 전쟁 때문에 고통스럽게 죽을 가능성이 더 높아집니까?

그럴 것 같지도 않습니다. 제가 아는 한, 소위 자연사에 이르기 전에 대개는 먼저 고통을 겪습니다. 반면, 전장戰場은 아무런 고통 없이 죽을 가능성이 상당히 있는 몇 안 되는 장소 중 하나입니다. 전쟁 때문에 우리가 하나님과 평화를 누리며 죽을 확률이 낮아집니까? 그렇지도 않은 듯합니다. 전시 군복무보다 죽음을 더 잘 준비하게 하는 다른 상황이 얼마나 될까요? 그러나 전쟁 때문에 분명히 달라지는 부분이 있습니다. 전쟁 앞에서는 죽음을 떠올리지 않을 수 없습니다. 평상시 우리는 예순에 암으로 죽게 되는지 일흔에 중풍으로 죽게 되는지 걱정하지 않습니다. 그 이유는 단지 우리가 그런저런 방식으로 죽게 될 것을 잊고 살기 때문입니다. 그러나 전쟁이 닥치면 죽음이 아주 실질적인 문제가 됩니다. 과거의 위대한 그리스도인들은 그것을 축복으로 여겼을 것입니다. 그들은 우리가 죽을 존재임을 늘 인식하는 일이 유익하다고 생각했습니다. 저는 그들이 옳았다고 생각합니다.

우리 안의 모든 동물적인 삶, 이 세상을 중심에 두고 행복을 꿈꾸는 모든 계획은 필경 무너질 수밖에 없습니다. 평시에는 지혜로운 사람만이 이 사실을 깨달을 수 있습니다만 지금과 같은 전시에는 가장 어리석은 사람들도 모두 압니다. 우리가 줄곧 살아온 우주가 어떤 곳인지 분명히 깨닫고 받아들여야 합니다. 우리가 인간 문화에 비기독교적이고 어리석은 희망들을 품어 왔다면, 이제 그 희망들은 산산이 깨어졌습니다. 우리가 이 땅에 천국을 세우고 있다고 생각했다면, 현재의 세상을 순례의 장소가 아닌 인간의 영혼을 만족시켜 주는 영원한 도성으로 바꿀 비결을 추구했다면, 이제 우리는 미몽에서 깨어났습니다. 진작 깨어났어야 마땅한 미몽에서 이제야 깨어난 것입니다. 그러나 하나님께 겸손하게 드려진 학문 생활이 우리가 내세에서 온전하게 누릴 신적 실재와 아름다움에 나름대로 다가가는 미약한 방법 중 하나이고, 하나님이 어떤 시기의 어떤 사람들에게 이것을 소명으로 정해 주셨음을 믿어 왔다면, 지금도 여전히 그렇게 생각할 수 있습니다.

나는 왜 반전론자가 아닌가?

Why I Am Not a Pacifist

우리가 속한 시민 사회의 명령에 따라 전쟁에서 복무하는 것은 악한 행위인가, 도덕적으로 중립적인 행위인가, 아니면 도덕적인 의무에 해당하는 행위인가? 이것이 제가 받은 질문입니다. 이 질문에 제대로 대답하려면 훨씬 포괄적인 다음 질문을 해야 합니다. "옳고 그름을 어떻게 판단하는가?" 이 질문에 흔히 우리는 양심에 따라 판단한다고 대답합니다. 그러나 오늘날 양심을 오감五感 중 하나처럼 별개의 기능으로 생각하는 사람은 아마 없을 것입니다. 아닌 게 아니라 정말 그렇습니다. 오감과 같은 자율적 기능은 논쟁의 대상이 될 수 없습니다. 초록색이 파랗게 보이는 사람을 아무리 설득해봐야 파란색이 초록색으로 보이지는 않습니다. 그러나 양심은 논증을 통해 바뀔 수 있습니다. 여러분도 이 말에 공감하실 겁니다. 그렇지 않다면, 참전을 요구하는 민법에 따르는 일이 도덕적인지를 놓고 여러분 앞에서 제 주장을 펼치도록 청하지 않으셨을 테니까요. 그러니까 양심은 특정한 주제를 대하는 한 사람 자체whole man를 뜻한다고 하겠습니다.

그런데 여기서도 양심은 두 가지 의미로 나뉠 수 있습니다. 첫째, 옳다고 생각하는 바를 행해야 한다는 부담입니다. 둘째, 옳고 그름의 내용에 대한 판단입니다. 첫 번째 의미의 양심에 대해 말하자면, 우리는 언제나 양심을 따라야 합니다. 양심은 "그 권리만큼 힘이 있다면 세계를 절대적으로 다스릴" 우주의 최고 원리입니다. 우리는 이에 군말 없이 순종해야 하며 의문을 제기하는 것만으로도 죄책감이 듭니다. 그러나 두 번째 의미의 양심은 전혀 다릅니다. 사람들이 옳고 그름에 대해 가지는 생각은 틀릴 수 있고, 어느 정도씩은 잘못 생각하고 삽니다. 이 부분에서의 잘못을 어떻게 바로잡을 수 있을까요?

여기서는 이성理性을 먼저 생각해 보는 것이 무엇보다 도움이 됩니다. 제가 말하는 이성은 별개의 기능이 아니라 판단을 내리는 사람 자체를 뜻하며, 이때 이성의 판단 대상은 선과 악이 아니라 참과 거짓입니다. 이성을 사용하는 모든 구체적인 추론 훈련에는 세 가지 요소가 포함됩니다. 첫째, 추론의 대상인 사실들facts을 받아들입니다. 이 사실들은 우리의 오감으로 받거나 다른 사람들을 통해 받습니다. 즉, 경험이나 권위가 추론의 원료를 제공합니다. 하지만 각 사람의 경험은 너무나 제한된 것이기에 권위가 좀더 일반적입니다. 추론의 대상이 되는 백 가지 사실 중에서 아흔아홉 가지는 권위에 의존합니다. 둘째, 자명한 진리를 인식하는 정신의 직접적이고 단순한 행위가 있습니다. 예를 들면, A와 B가 각각 C와 같다면, A와 B도 같다는 것을 알 수 있습니다. 저는 이것을 직관이라 부릅니다. 셋째, 그런 직관들이 연이어 생겨날 수 있도록 사실들을 배열하는 기술, 또는 기능이 있습니다. 그런 직관들이 모여 우리가 고려하는 명제의 진위眞僞에 대한 하나의 증명을 구성합니다. 기하학의 증명에서 각 단계를 깨닫는 것은 직관이며, 여기서 막히면 기하학이 서툴다기보다는 머리가 나쁘다고 봐야 합니다. 그런데 지금은 사실들을 직관으로 파악 가능한 일련의 '단계들'로 배열하는 기술에 대해 말하고 있습니다. 그 기술이 없다면, 그것은 바보라는 뜻이 아니라 창조나 발명의 재능이 없다는 뜻입니다. 각 단계를 따라가지 못한다고 해도 머리가 나쁘다고 단정할 수는 없습니다. 주의력이나 기억력의 부족으로 모든 직관을 한데 통합하지 못하는 것일 수도 있으니까요.

그런데 추론상의 오류에 대한 교정은 모두 첫 번째나 세 번째 요소를 바로잡는 것입니다. 두 번째 요소인 직관이 잘못되었을 경우에는 그것을 바로잡아 줄 수 없고, 결여되어 있어도 새로 제공할 수 없습니다. 우리는 상대방에게 새로운 사실들을 알려 줄 수 있습니다. 더 간단한 증명을 만들어 낼 수도 있습니다. 즉, 직관적으로 파악할 수 있는 진리들을 더 간단하게 연결시키는 것입니다. 그러나 증명의 토대가 되는 자명한 각 단계를 하나도 파악하지 못하는 사람을 만나면, 어떻게 할 도리가 없습니다. 하지만 이렇듯 직관적 능력이 완전히 결여된 사람은 생각보다 훨씬 드뭅니다. 사람들은 자명한 추론을 눈앞에 놓고도 "안 보인다"며 끊임없이 항변하지만, 모든 교사들은 그 항변의 배후에 거북한 진실을 보고 **싶지 않은** 사심이나 생각 자체를 싫어하는 게으름이 숨어 있음을 압니다. 안 보인다는 말은 사실 안 보겠다는 말인 것입니다. 하지만 정말 안 보이는 상황이라면 더 이상의 논증은 불가능합니다. 논증은 합리적인 직관을 만들어 낼 수 없기 때문입니다. 오히려 논증이 합리적인 직관에 의존합니다. 증명은 그냥 '눈에 보여야' 하는, 증명할 수 없는 것들에 의존합니다. 따라서 잘못된 직관은 어찌해 볼 도리가 없습니다. 직관은 주의력 훈련이나 사욕을 억제하는 연습 등을 통해 개선되거나 정반대의 습관으로 오히려 더 망칠 수도 있지만, 논증을 통해 바로잡을 수는 없습니다.

이성에 대해 마지막으로 한 가지 더 지적하고 넘어갈 것이 있습니다. 권위는 경험과 함께 추론의 원료요, '사실들'의 출처가 될 뿐 아니라, 추론을 대신하여 결론을 도출하는 방법으로 자주 사용된다는 점입니다. 우리가 믿는 진리들 중 우리가 논거에 해당하는 추론을 끝까지 따라간 경우는 10퍼센트도 되지 않습니다. 우리는 전문가들의 권위에 의지해 그들의 말을 진리로 받아들이는데, 이것은 지혜로운 일입니다. 그렇게 하다 가끔 속기도 하지만, 그렇다고 전문가들의 말을 진리로 받아들이지 않는다면 우리는 야만인처럼 살아야 할 것이기 때문입니다.

그런데 양심에서도 이 세 가지 요소를 모두 볼 수 있습니다. 여기서도 첫 번째 요소인 사실들의 출처는 경험과 권위입니다. 여기서 사실이란 '도덕적인 사실들'이 아니라, 행동에 관한 사실로서 이것 없이는 도덕적인 질문을 제기할 수 없는 사실들을 말합니다. 예를 들어 전쟁과 살인이 무엇인지 모른다면 반전론에 대해 아무 말도 할 수 없을 것이고, 옛날 선생님들이 '생식生殖의 원리facts of life'라 부른 것을 이해하지 못한다면 정절에 대해 논할 수 없을 것입니다. 둘째, 더없이 분명한 선과 악 그 자체에 대한 순수 직관들이 있습니다. 셋째, 상대방에게 특정 행위가 옳거나 그르다는 확신을 주기 위해 직관들을 배열하는 논증 절차가 있습니다. 끝으로, 논증을 대신해 어떤 것의 옳고 그름을 알려 주는 권위가 있습니다. 권위가 제공하는 선악의 지침은 개인이 혼자서 발견할 수 없었을 내용이며 그 권위가 자신의 생각보다 더 지혜롭고 더 낫다고 믿을 만한 충분한 이유가 있다면 받아들이는 것이 옳습니다. 하지만 이성과 양심사이에는 중요한 차이점이 있습니다. 모든 것의 기초가 되는, 논쟁의 여지 없는 직관들은 진위를 따질 때 사욕에 사로잡혀 흐려지기 쉽습니다. 하지만 옳고 그름을 따질 때는 더욱 흐려지기 쉽습니다.

어김없이 흐려진다고 봐도 될 정도입니다. 이때 우리의 관심사는 지금 이 자리에서 우리가 해야 하거나, 하지 않고 내버려 둬야 하는 모종의 행동이기 때문입니다. 하고 싶거나 하기 싫은 마음이 애초부터 없었다면 그 행동의 옳고 그름을 따져 보지도 않을 것입니다. 따라서 양심의 영역에서 우리는 처음부터 어느 한쪽으로 치우친 상태에서 출발하게 됩니다. 우리의 활동을 제어하거나 바꾸는 데 있어 권위가 차지하는 비중은 이성보다 양심의 영역에서 더욱 큽니다. 그러므로 사람들은 도덕적 직관들을 가지기 전부터, 그것들을 논할 만큼 이성적인 능력이 자라기 수년 전부터 도덕적 직관들에 순종하도록 훈련을 받아야 합니다. 그렇지 않으면 그 직관들을 논할 수 있는 시간이 되기도 전에 직관들이 더럽혀지고 말 것입니다.

이 기본적인 도덕적 직관들은 양심에서 논의의 여지가 없는 유일한 요소입니다. 어느 한 쪽이 도덕적 바보가 아닌데 의견 차이가 생긴다면 그 문제는 직관이라고 볼 수 없습니다. 직관은 미움보다 사랑을, 비참함보다 행복을 선호하는 의지의 궁극적인 성향입니다. 가장 간단한 증명도 깨닫지 못하는 사람들이 있는 것처럼, 극도로 타락해 기본적인 도덕적 직관들마저 잃어버린 사람들도 있습니다. 하지만 도덕적 직관들은 대체로 인간성 자체의 목소리라고 말할 수 있습니다. 여기에는 이의를 제기할 수 없습니다. 하지만 바로 이것이 문제가 됩니다. 사람들은 자신의 도덕적 판단이 이의를 제기하거나 반박할 여지가 없는 도덕적 직관이라고 끊임없이 주장하고 있습니다. 하지만 실제로 따져 보면 그것은 직관이 아니라 직관에서 논리적으로 추론해 낸 결론이거나 그것을 구체적으로 적용한 결과일 따름입니다. 그런 결과들은 추론 과정이 비논리적이거나 적용이 잘못된 것일 수 있기 때문에 토론의 여지가 많습니다.

가령 '금주' 운동가는 모든 독주毒酒가 금지된 것이라는 반박할 여지가 없는 직관을 가지고 있다고 주장할 수 있습니다. 하지만 그런 직관은 없습니다. 건강과 균형이 선하다고 판단하는 직관이 있을 뿐입니다. 이어서 그는 사실들에서 출발해 술 취함이 질병과 싸움을 낳는다는 일반화를 내세웁니다. 그리고 그리스도인인 경우, 금주 운동가는 몸이 성령의 전殿이라는 권위의 목소리를 인용합니다. 이윽고, 언제든 남용될 소지가 있는 것은 아예 금하는 게 낫다는 결론이 나옵니다. 물론 이것은 토론거리로 딱 좋은 결론입니다. 결국, 이렇게 여러 단계를 거쳐서 나온 결론이 그 사람의 머릿속에 형성되어 있는 연상 관계나 자만심과 상호작용을 거치면서 그 사람에게는 논쟁의 여지가 없는 문제가 됩니다. 하지만 그것은 단지 그 사람이 그 문제로 논쟁을 하고 싶지 않다는 뜻일 뿐입니다.

이제, 도덕적 결정을 위한 첫 번째 규범이 나왔습니다. 첫 번째 의미에서의 양심, 즉 우리가 올바른 일을 하도록 이끄는 힘은 절대적 권위가 있지만, 두 번째 의미에서의 양심, 즉 무엇이 옳은지에 대한 판단은 이론異論의 여지가 없는 직관과 이론의 여지가 상당히 많은 추론이나 권위 수용 과정의 혼합물입니다. 그리고 선량한 사람이라면 누구도 의심하지 않을 판단이 아니라면, 어떤 것도 직관으로 취급할 수 없습니다. 절대적인 금주나 독신이 의무라고 '그저 느끼는' 사람은 《헨리 8세》가 셰익스피어의 작품이 아니라거나 백신 주사가 도움이 안 된다고 '그저 확신하는' 사람과 똑같이 취급해야 할 것입니다. 의심할 여지가 없는 확신은 자명한 것일 때만 해당되는데, 이런 견해들은 자명하지 않습니다.

그러므로 저는, 현재 명시적으로 주장하는 사람은 없지만 제가 상상해 볼 수 있는 반전론의 입장, 즉 인간을 죽이는 모든 일은 어떤 상황이든 무조건 악이라는 사실을 직관으로 알 수 있다는 주장은 우선 배제하겠습니다. 추론을 통해서나 권위에 의지해 같은 결론에 도달하는 사람과는 논쟁을 벌일 수 있습니다. 그러나 그런 결론이 직관이라고 주장하며 거기서부터 출발해야 한다고 말하는 사람에게는 그런 직관은 있을 수 없다고 대답할 수밖에 없습니다. 그는 하나의 의견, 아니 그보다는 감정을 직관으로 오해하고 있습니다. 물론, 그 사람에게 대놓고 이렇게 말하는 것은 무례한 일이 될 것입니다. 그에게는 이렇게 대답해야겠지요. "당신이 도덕적 백치가 아니라면, 불행히도 가장 훌륭하고 지혜로운 사람들을 포함한 나머지 인류 전체가 도덕적 백치라는 뜻입니다. 이런 상황을 뒤집을 논증은 있을 수 없습니다."

일단 이 극단적인 경우는 배제하고, 도덕적인 문제들에 대한 결정을 어떻게 내려야 하는지에 관한 질문으로 다시 돌아갑시다. 우리는 모든 도덕적 판단에 사실, 직관, 추론이 사용되고, 겸손의 지혜를 갖춘 경우라면 권위도 어느 정도 고려하게 된다는 것을 보았습니다. 도덕적 판단의 힘은 이 네 요소의 힘에 달려 있습니다. 따라서 제가 재료로 삼은 사실들이 논란의 여지가 별로 없는 분명한 사실이고, 직관으로 판단한 내용이 직관이 틀림없고, 이 직관을 구체적인 판단과 연결시키는 추론이 탄탄하고, 제 판단이 권위와 일치하면(적어도 불일치하지 않는다면), 저는 제 도덕적 판단을 정당한 확신을 가지고 신뢰할 수 있습니다. 거기에다, 저도 모르게 제 마음을 흔들어 놓을 만한 사심이 있었다고 생각할 근거가 보이지 않는다면, 이 확신은 확증됩니다. 반면, 사실들이 의심스럽고, 선량한 사람들이 보기에 제가 직관으로 생각한 것이 명백하지 않고, 추론이 약하고, 권위가 나의 판단을 반대한다면, 저는 제가 틀렸다고 의심하기에 충분할 것입니다. 그리고 제가 도달한 도덕적 결론이 제 욕심을 채우도록 부채질한다면, 제 의심은 깊어져서 도덕적 확실성에 해당하는 수준에 이르게 됩니다. 여기서 '도덕적 확실성'이란 도덕적 결정을 내리기에 적절한 정도의—도덕적 판단에서 수학적 확실성을 찾아서는 안 되기 때문—확실성을 뜻합니다. 이제 "내가 속한 시민 사회가 내게 전쟁 복무를 명령할 때 그에 따르는 것은 부도덕하다!"는 판단에 이 검사법을 적용해 보겠습니다.

첫째, 사실에 대해 살펴봅시다. 모든 입장의 사람들이 받아들일 만한 주요 사실은 전쟁이 아주 불쾌하다는 것입니다. 반전론자들은 전쟁이 언제나 유익보다 해를 더 많이 끼친다는 그들의 주된 주장을 사실로 내세울 것입니다. 하지만 이것이 사실인지 아닌지 어떻게 알 수 있습니까? 이것은 실제 사건이 만들어 낸 실제 결과들과 그 사건이 일어나지 않았다면 벌어졌을 결과를 비교한 역사적 일반화에 해당합니다. "전쟁은 유익을 끼치지 못한다"는 말은 다음의 명제들을 포함하고 있습니다. '만약 그리스인들이 크세르크세스에게 항복하고 로마인들이 한니발에게 항복했다면 이후 역사의 흐름이 한층 나아졌을 것이고, 적어도 실제 역사보다 더 나빠지지는 않았을 것이다.' '페르시아 제국의 뒤를 이어 카르타고가 지중해 세계를 제패했다면, 그리스의 뒤를 이어 로마제국이 다스렸던 실제 지중해 역사 못지않게 훌륭하고 행복하고 풍성한 결실을 모든 후손에게 남겼을 것이다.' 이런 의견이 아주 터무니없는 건 아닙니다. 하지만 두 의견 모두 단지 추측일 뿐입니다. 이것이 제가 말하고 싶은 요지입니다. 어느 의견에 대해서도 듣는 사람에게 확신을 심어 줄 방법이 없습니다. '벌어졌을 일'이라는 개념, 즉 실현되지 않은 가능성이 실제로 벌어진 상황을 생생하게 묘사하려고 상상력을 동원한 문학적 기법보다 더 확실하다고 판단할 근거가 없습니다.

전쟁이 아무 유익을 끼치지 못한다는 말은 사실과 너무 거리가 먼 주장이라서 역사적 견해로 볼 수도 없습니다. '현대의 전쟁'이라고 단서를 달아도 상황은 달라지지 않습니다. 1914년 유럽이 독일에 항복했다면 그 총체적 결과가 더 나아졌을지 나빠졌을지 어떻게

결정할 수 있겠습니까? 물론, 전쟁이 주는 유익은 교전국들의 지도
자들이 주장하는 수준의 절반에도 미치지 못한다는 것이 사실입니
다. 무슨 일이건 실제로 나타난 결과를 보면 예상했던 유익이나 해
악의 절반에도 못 미치는 법입니다. 이것은 전쟁에 대한 과다선전
을 반대하는 훌륭한 논증이 될 수 있습니다. 하지만 전쟁에 반대하
는 논증은 못 됩니다. 1914년, 유럽이 독일의 수중에 들어가는 상
황을 '악'이라고 말할 수 있다면, 그 악을 방지한 전쟁은 그 부분에
서 정당한 것이었습니다. 그 전쟁이 빈곤이나 실업 문제를 해결해
주지 못했다고 해서 쓸모없다고 말하는 것은 방금 호랑이에게 먹힐
위험을 피한 사람에게 이렇게 말하는 것과 같습니다. "소용없어요,
늙은 양반! 그래봤자 댁의 류머티즘은 여전하잖소!"

   이렇듯 사실의 시험대 위에 놓고 보면 반전론의 입장이 취약함을
알 수 있습니다. 역사에는 쓸모없는 전쟁뿐 아니라 유용한 전쟁들
도 많이 있었습니다. 우리가 자주 목격하는 전쟁의 효용에 반대하
여 내놓는 근거 자료가 가상의 상황에 대한 추측에 불과하다면, 저
는 그것을 받아들일 수가 없습니다.

   이제 직관으로 넘어가겠습니다. 일단 직관을 발견하기만 하면 토
론할 것도 없습니다. 논증이 필요한 어떤 결론을 직관으로 오해하
는 위험만 피하면 됩니다. 우리가 찾는 것은 이제까지 어떤 선량한
사람도 반박한 적이 없는 당연한 소리입니다. 이 상황에 적절한 직
관은 사랑은 선하고 증오는 나쁘다, 혹은 돕는 일은 좋고 해치는 일

은 나쁘다 등일 것입니다.

이제 이 직관으로부터 추론을 거쳐 반전론의 결론에 이를 수 있는지 없는지 따져 봅시다. 우선, 직관이 어떤 식으로 한정되기 전에는 구체적인 행동으로 이어질 수 없다는 점을 지적해야겠습니다. **막연한** 사람에게 **막연한** 선을 행할 수는 없습니다. 우리는 구체적인 사람에게 구체적인 선을 행합니다. **이** 선과 **저** 선을 동시에 행할 수는 없습니다. **이** 사람들과 **저** 사람들에게 동시에 같은 선을 행할 수는 없습니다. 선행의 법칙에는 어떤 시간에 어떤 사람들에게 어떤 선을 행하지 않는 것도 포함됩니다. 자, 여기에서 제가 아는 한 누구도 의심해 본 적이 없는 다음의 규칙들이 나옵니다. 우리는 돕기로 약속한 사람을 다른 사람보다 먼저 도와야 하고, 내게 특별히 받아야 할 것이 없는 사람보다는 은인을 도와야 하고, 이방인보다는 동포를, 막연한 동포보다는 친족을 도와야 합니다. 이것은 B를 포기하고 A를 돕는다는 뜻입니다. A를 뱃전으로 끌어올리는 동안 B가 익사해도 손을 쓸 수 없는 상황을 연상하면 됩니다. 더 나아가, A를 돕기 위해 B에게 어느 정도 폭력을 가하는 일도 여기에 포함됩니다. B가 A에게 몹쓸 짓을 하는 경우, 우리는 아무것도 하지 않을 수도 있고(이것은 직관을 거역하는 일입니다) B에 맞서 A를 도울 수도 있습니다. 그런데 어느 누구의 양심도 가해자 B를 도우라고 말하지는 않습니다. 여기까지는 누구나 동의할 것입니다. 이 논증이 전쟁 옹호론으로 끝나지 않으려면, "B에 대한 폭력은 그를 죽이지 않는 선에서만 적법하다"거나, "개인을 죽이는 것은 적법하지만 전쟁의 대량살상은 그렇지 않다"는 둘 중 한 가지 주장이 단서로 붙어야 할 것입니다.

첫 번째 주장에 대해 말하자면, B에게 가하는 폭력은 언제나 적을수록 좋다는 일반 명제는 인정할 수 있습니다. 다만, B를 제재하는 효과가 떨어지거나 관련자 전원에게 끼치는 유익이 달라져서도 안 됩니다. 여기서 전원에는 B도 포함됩니다. B가 다른 사람에 비해 내세울 권리가 열등하긴 해도 그 권리를 완전히 배제할 수 없기 때문입니다. 그러나 B에게 가하는 폭력이 적을수록 좋다는 일반 명제에서 B를 죽이는 것이 언제나 잘못이라는 결론이 나오지는 않습니다. 어떤 경우, 예를 들면 작고 고립된 공동체 안에서는 죽음이 유일하게 효과적인 제재 수단일 수 있습니다. 어떤 공동체에나 구성원들에게 사형이 끼치는 영향은 두려움을 통한 범죄 억제력으로서만이 아니라 어떤 범죄들의 도덕적 심각성을 밝히는 도구로서 소중한 가치를 지닐 수 있습니다. B에 대해 말하자면, 나쁜 사람이 범죄 몇 주 후 처형을 당하거나, 범죄를 저지른 지 20년 후 감옥에서 늙어 죽거나 인생을 잘 마무리할 가능성은 그리 다르지 않을 것입니다. 저는 지금 사형이 확실히 옳다는 논증을 펴는 것이 아닙니다. 확실히 잘못된 일은 아니라고 주장할 따름입니다. 이 문제에 대해서는 선량한 사람들이 얼마든지 의견을 달리할 수 있습니다.

두 번째 주장에 대한 대답은 더욱 분명한 듯합니다. 사형이 아니어도 모든 범죄자에 대한 만족스러운 처벌이 가능한지는 논란의 여지가 있습니다. 하지만 한 나라 전체가 원하는 바를 다른 나라들이 제지할 방법이 전쟁밖에 없음은 분명합니다. 어떤 사회가 다른 사회를 삼키는 것이 큰 악이라는 사실도 거의 그만큼 확실합니다. "전쟁은 언제나 더 큰 악이다"라는 신조는 유물론적 윤리를 함축하고 있습니다. 유물론적 윤리에 따르면 죽음과 고통이 가장 큰 악입니다. 그러나 제 생각은 다릅니다. 저는 저급한 종교가 고등 종교를 억압하는 것, 또는 저급한 세속 문화가 고급 세속 문화를 억압하는 것이 더 큰 악이라고 생각합니다. 전쟁에서 쓰러지는 상당수 개인들이 무죄하다는 사실에도 제 마음이 크게 흔들리지 않습니다. 어떤 면에서는 그 사실 때문에 전쟁이 그리 나쁘지 않은 것이 된다고 볼 수도 있습니다. 모든 사람은 죽습니다. 그리고 대부분 비참하게 죽습니다. 각자의 나라가 옳다고 믿는 적대 진영의 두 군인이, 이기심은 그 어느 때보다 작아지고 희생정신은 커져 가는 상태에서 사심 없는 전투를 치르다 서로를 죽이는 일이 이 끔찍한 세상에서 벌어지는 가장 끔찍한 일은 결코 아닌 듯합니다. 물론, (적어도) 둘 중 한 명은 잘못된 판단을 내렸음이 분명합니다. 그리고 물론 전쟁은 아주 큰 악입니다. 그러나 그것이 문제는 아닙니다. 전쟁이 세상에서 가장 큰 악인지, 그래서 항복을 통해 어떤 상황을 맞게 되더라도 전쟁보다는 나은지가 문제입니다. 저는 이 견해를 지지하는 제대로 된 논증을 발견할 수 없습니다.

직관으로부터 반전론의 결론을 이끌어 내기 위한 시도가 또 있습니다. 이것은 정치적이고 계산적인 측면이 강합니다. "전쟁이 가장 큰 악은 아니라 해도 커다란 악인 것은 분명하다. 그래서 우리 모두는 할 수 있는 한 전쟁을 피하고 싶어 한다. 하지만 하나의 전쟁은 또 다른 전쟁을 낳으므로 전쟁 자체를 없애는 방법을 찾아야 한다. 우리는 홍보를 통해 각 나라에서 반전론자들의 수를 그 나라가 전쟁에 돌입하지 못하게 막을 수 있을 정도까지 늘려야 한다." 하지만 제게는 이 논리가 터무니없어 보입니다. 자유주의 국가만이 반전론자를 용인하기 때문입니다. 자유주의 사회에서는 반전론자의 수가 너무 많아 국가의 전쟁 수행 능력이 마비될 정도가 될 수도 있고, 많지 않을 수도 있습니다. 수가 많지 않은 경우는 반전론자들이 제대로 활동하지 못한 것입니다. 반전론자의 수가 충분히 늘어나 국가의 전쟁 수행 능력이 마비된다면, 반전론자들은 그들을 용인하는 국가를 그렇게 하지 않는 독재 국가에게 넘겨주게 될 것입니다. 이런 종류의 반전론은 반전론자가 없는 세상을 향해 곧장 나아가고 있는 셈입니다.

반전론으로 전쟁을 없앨 가망이 희박하다면, 다른 방법이 있느냐고 물을 수 있을 것입니다. 하지만 저는 그 질문을 받아들일 수가 없습니다. 다음과 같은 이상한 논리의 산물이기 때문입니다. 인류의 커다란 불행들이 적절한 치료법만 찾으면 치료될 수 있다고 가정하고선, 올바른 치료법이 될 수 없는 방법들을 하나씩 소거해 나가다 보면 결국 남는 것이 올바른 치료법이라는 겁니다. 그 방법이 인류의 불행들을 치료할 가능성이 아무리 없어 보여도 다른 대안이 없으니 하여간에 치료법이 분명하다는 겁니다. 마르크스주의자, 프로이트주의자, 우생학자, 유심론자, 더글라스주의자Douglasites,[1] 통일당원,[2] 채식주의자, 기타 온갖 주의자들의 열광적인 주장이 같은 논리의 산물입니다. 그러나 저는 인간이 하는 어떤 일이 고통을 뿌리 뽑을 수 있다는 확증을 얻지 못했습니다. 저는 최선의 결과를 이뤄 내는 사람들은 보편적 정의, 보건, 평화를 이룰 수 있다고 생각하는 사람들이 아니라, 노예매매 철폐, 교도소 개혁, 공장법 시행, 결핵 퇴치 등 제한된 목표를 위해 조용히 힘쓴 사람들이라고 생각합니다. 제가 아는 최고의 처세술은 당면한 악과 맞서 싸우는 일에 집중하는 것입니다. 현명한 정책으로 당면 전쟁을 피하거나 지연시키고, 뛰어난 군사력과 작전으로 하나의 군사 행동을 짧게 끝내고, 피정복자들과 민간인들에게 좀 덜 끔찍하게 대하는 것이 보편적 평화를 위해 이제까지 나온 모든 제안보다 더 유용합니다. 완벽하게 건강한 인종을 만들어 내기 위한 어떤 계획을 제시하는 사람들보다 한 명의 치통을 멎게 해 주는 치과의사가 인류에 더 큰 기

---

1) 사회적신용설, 사회채권설이라고도 한다. 구매력의 불균형이 자본주의 빈부 격차의 문제라고 보고 정부에 의한 제품 가격 통제와 국민들에 대한 일정액의 배당금 지급을 해결책으로 제안했다.

2) 아일랜드 자치 반대주의자.

여를 한 것과 같습니다.

그러므로 저는 돕는 일은 좋고 해치는 일은 나쁘다는 직관적인 일반 원리로부터 적법한 권위의 전쟁 복무 요구를 거부해야 한다는 결론을 유추할 어떤 명확하고 설득력 있는 이유를 발견할 수가 없습니다. 이제 권위를 따져 볼 차례입니다. 권위는 특별한 권위와 일반적 권위, 그리고 인간적 권위와 신적 권위로 나뉩니다.

참전 문제에 있어서 제게 영향력을 행사하는 특별한 인간적 권위는 제가 속한 사회의 권위입니다. 제가 속한 사회가 선전포고를 내려 이번 전쟁에서 반전론에 반대하는 입장을 분명히 했고, 수세기 동안의 제도와 관행을 통해 일반적으로도 반전론에 반대하는 결정을 내렸습니다. 만약 제가 반전론자라면, 저는 아서 왕과 앨프레드 대왕, 엘리자베스 여왕과 크롬웰, 월폴Robert Walpole[3]과 버크 Edmund Burke[4]와 반대 입장에 서게 됩니다. 제가 속한 대학, 칼리지, 부모님이 제게 반대합니다. 영국 문학 전체가 제게 반대하고, 《베어울프》, 셰익스피어의 저작, 존슨의 글, 워즈워스의 시를 펼칠 때마다 저는 꾸지람을 듣습니다. 물론 영국의 권위가 최종적인 권위는 아닙니다. 그러나 최종적 권위가 아니라서 무가치한 것은 절대 아닙니다. 영국이 거의 한목소리를 내는 권위에 얼마만큼의 가

---

3) 1676-1745. 영국의 정치가. 최초로 내각책임제를 확립해 영국의 초대 총리로 간주된다.
4) 1729-1797. 영국의 정치가, 정치사상가. 영국 보수주의의 대표적 이론가.

치를 부여할지는 사람마다 의견이 다를 수 있습니다. 여기서 제 관심사는 그 가치를 평가하자는 것이 아니라 그 가치가 어느 정도이건 영국 사회가 반전론에 반대한다는 사실입니다. 저의 출생과 성장, 반전론자가 될 수 있게 해 준 교육, 반전론을 견지하도록 허용한 관용적인 법률이 모두 제가 속한 사회 덕분이니 그 사회의 권위를 진지하게 여겨야 할 의무가 충분히 크다 할 수 있겠습니다.

여기까지 특별한 인간적 권위에 대해 살펴보았습니다. 역사의 여명에서부터 테리스베이 호의 침몰에 이르기까지 세상은 의로운 전쟁에 대한 찬사로 메아리칩니다. 반전론자가 되기 위해서는 호메로스와 베르길리우스, 플라톤과 아리스토텔레스, 자라투스트라와 《바가바드기타》[5], 키케로와 몽테뉴, 그리고 아이슬란드와 이집트와 결별해야 합니다. 여기서 저는 존슨이 골드스미스에게 대답했던 것처럼 반전론자들에게 이렇게 대답하고 싶어집니다. "선생께서 인류의 보편적인 의견을 받아들이지 않으시겠다면, 저로선 더 이상 할 말이 없습니다."

후커Richard Hooker[6]는 "사람들의 보편적이고 한결같은 목소리는 하나님의 판단과 같다"고 생각했지만, 많은 사람들이 그 말에 거의, 또는 전혀 무게를 두지 않을 것입니다. 인간적 권위를 무시하는 이

---

5) 인도의 대표적인 고전시.
6) 1554-1600. 영국의 성직자.

런 태도에는 두 가지 원인이 있습니다. 우선, 인류의 역사는 단순하고 단선적인 움직임으로 점점 더 좋아지기 때문에 특정한 세대는 이전의 모든 세대보다 모든 면에서 언제나 더 지혜롭다는 믿음입니다. 진보에 대한 믿음이지요. 그렇게 믿는 사람들은 선조들을 퇴물 취급하고, 전날까지 잘못 돌아가던 세계가 이제 갑자기 바로잡혔다는 주장도 아주 자연스럽게 받아들입니다. 저는 그런 사람들을 대상으로 논증을 펼 수가 없습니다. 그들의 기본 가정을 받아들일 수가 없기 때문입니다. 진보를 믿는 사람들은 신형 기계의 모델이 구형 모델을 대치한다는 사실에 주목하여 미덕과 지혜에도 비슷한 현상이 일어난다고 추론합니다.

그러나 전혀 다른 근거로 인간적 권위를 거부하기도 합니다. 적어도 그리스도인 반전론자들은 인류가 타락하고 부패했기 때문에, 시공간을 가로지르는 인류의 위대하고 지혜로운 스승들과 위대한 나라들의 합의조차 선한 것이 무엇인지 알려 주는 단서가 되지 못한다고 주장할 수 있습니다. 이 주장에 대답하기 위해서는 이제 그 다음 항목, 신적 권위를 살펴봐야 합니다.

저는 신적 권위를 기독교의 관점에서만 살펴보겠습니다. 제가 알기로는, 다른 고등 종교들 중에서 철저한 반전론을 내세우는 종교는 힌두교 하나뿐입니다. 어쨌거나 다른 종교들에 대해서는 제가 유익한 논의를 펼 정도로 잘 알지 못합니다. 기독교에 대해 살펴보자면, 반전론의 근거가 거의 우리 주님의 몇몇 말씀이라는 것을 발견하게 됩니다. 그 말씀들이 반전론의 입장을 확립해 주지 못한다면, 반전론이 기독교 세계 전체의 일반적인 견해 *securus judicat* 가 되리라 기대하는 것은 부질없는 일이 될 것입니다. 기독교 세계의 관행을 살펴 지침을 구하려고 하면, 저는 대체로 반전론에 반대하는 입장의 권위를 보게 됩니다. 성공회 신자인 제게 직접적인 권위를 행사하는 39개 신조[7]를 보면, "그리스도인이 관리의 명령에 따라 무기를 들고 전쟁에 참가하는 것은 적법하다"고 분명하게 나와 있습니다. 비성공회 신자들이 이것을 받아들이지 않는다면, 그들에게는 장로교인들의 역사를 보여 줄 수 있습니다. 옛 장로교인들은 결코 반전론자들이 아니었기 때문입니다. 천주교도들이 이것을 받아들이지 않는다면, 그들에게는 "군주가 내부의 소동에 맞서 칼로 자기 땅을 지키는 것이 합법적이듯, 외부의 적들에 맞서 칼로 자기 땅을 지키는 것도 적법하다"는 토마스 아퀴나스의 판단을 지적할 수 있습니다. 혹시 교부들의 권위를 요구한다면, 어거스틴의 말을 인용할 수 있습니다. "기독교의 제자도가 전쟁을 완전히 배척하는 것이라면, 복음서에서 구원의 길을 묻는 군인들은 대뜸 무기를 내던지고 군대에서 나오라는 답변을 들었을 것이다. 그러나 군인들은 '사람에게서 강탈하지 말며 받는 급료를 족한 줄로 알라'[8]는 답변

---

7) 16세기 종교개혁기에 영국 성공회가 《기도서》와 함께 교의적 입장을 밝힌 39조로 된 교의요강敎義要綱.
8) 누가복음 3장 14절.

을 들었다. 세례 요한은 그들에게 받는 정당한 급료로 만족하라고
했지 군인으로서 급료를 받지 말라고 하지 않았다." 개별적인 목소
리들을 다 살펴보자면 끝이 없을 것입니다. 교회로 자처하는 모든
조직, 즉 사도의 전통을 계승했다고 주장하고 신경을 받아들이는
모든 교회는 언제나 의로운 전쟁을 축복했습니다. 박사, 주교, 교
황—제가 알기로 현재의 교황(비오 12세)을 포함해—들이 반전론의
입장을 거듭해서 거부했습니다. 복음서들보다 더 오래되어 복음서
의 출처가 되었던 초대 기독교 공동체의 입장을 대변한 사도들의
글에도 반전론에 대한 내용은 단 한 마디도 없습니다.

그러므로 기독교적 반전론의 근거는 "악한 자를 대적하지 말라
누구든지 네 오른편 뺨을 치거든 왼편도 돌려 대며"[9] 같은 주님의
몇 마디 말씀이 전부입니다. 이제 이 말씀을 무조건적으로 따라야
한다고 말하는 그리스도인에게 답하겠습니다. 이전에도 말한 바 있
지만, 그런 그리스도인은 우리 주님의 다른 어려운 말씀들도 무조
건 따라야만 합니다. 정말 그렇게 하는 사람, 사람들이 무엇이든 구
할 때마다 다 내어 주고 마침내 가진 것을 모두 가난한 사람에게 준
이에게는 누구나 존경심을 가질 것입니다. 저는 지금 그런 사람에
게 답변하고 있습니다. 그 외의 사람, 그러니까 우리 주님의 말씀이
잠재적 의무를 면하게 해 줄 때는 그 말씀을 철저하게 받아들이고,

---

9) 마태복음 5장 39절.

거지가 되어야 한다고 요구할 때는 느슨하게 받아들이는 일관성 없는 사람에게는 대답할 가치가 없을 테니까요.

다른 뺨을 돌려대라는 명령을 이해하는 데는 세 가지 방식이 있습니다. 첫째는 반전론적 해석입니다. 이 명령에 따르려면 말 그대로 모든 상황에서 모든 사람에게 저항해선 안 된다는 해석입니다. 둘째는 최소주의 해석입니다. 이 명령을 문자적으로 받아들여선 안 되고 그저 많이 참고 관대해야 한다는 말씀을 동양적인 과장법으로 표현하신 거라는 해석입니다. 그런데 여러분과 저는 이 견해에 동의하지 않습니다. 그러므로 실제로는 반전론적 해석과 제가 이제 제안하려는 세 번째 해석 중에서 선택해야 할 것입니다. 저는 이 명령이 말 그대로의 뜻이지만, 별다른 얘기가 없어도 듣는 사람이 자연스럽게 예외로 여길 만한 상황들에 대한 단서가 달려 있다고 생각합니다. 좀더 논리적인 용어로 표현하자면, 이 말씀에는 '위해 일반'에 대해 무저항의 의무를 부과하고 있지만, 향후 나타날 '특정한 위해'에 대해서까지 저항을 무조건 금지한 것은 아니라고 생각합니다. 즉, 제가 이웃에게 당한 상해와 저의 복수욕 때문에 그를 대적한다면, 저는 기독교가 그 복수욕을 완전히 죽이도록 명령한다고 확신합니다. 우리는 "그놈이 내게 그런 짓을 했으니 나도 똑같이 갚아 줄 거야"라고 말하는 내면의 목소리에 조금의 틈도 줘서는 안 됩니다. 하지만 다른 상황도 있습니다. 이 말씀을 들은 사람 중에 '어떤 살인마가 다른 사람을 살해할 작정으로 나를 밀쳐 내려고 달려 들면, 나는 순순히 물러서서 그 사람이 희생자에게 덤비도록 내버려 둬야 한다'는 뜻으로 이것을 이해할 자가 있겠습니까? 적어도 저는 당시 청중이 주님의 말씀을 그렇게 이해했을 리는 없다고 생각합니다. 아이가 성질이 날 때마다 부모를 때려도 그냥 놔두는 것이 최선의 양육법이라거나, 아이가 꿀단지를 잡을 때마다 꿀을 주라는 뜻으로 주님의 말씀을 받아들였을 리도 없습니다. 주님의 말씀은 "네가 상처를 받고 화가 난 경우라면, 네 분노를 죽이고 받아치지 마라"는 뜻임이 분명합니다. 하지만 여러분이 관리로서 일반인에게 맞거나, 부모로서 아이에게 맞거나, 교사로서 학생에게 맞거나, 정상인으로서 미치광이에게 맞거나, 군인으로서 공공의 적에게 공격을 당할 경우, 여러분의 의무는 전혀 달라질 것입니다. 그런 상황에서는 되받아치는 것은 이기적인 보복 이외의 다른 이유가 있을 수있기 때문입니다. 우리 주님의 청중들은 비무장 국가의 보통 사람들이었으므로 주님이 전쟁을 가리켜 말씀하신 것이라 생각했을 가능성은 낮습니다. 그들은 전쟁을 떠올리지 않았을 것입니다. 그들은 마을 사람들 사이에서 일상적으로 일어나는 불화를 생각했을 것입니다.

이것이 여러분의 해석보다 저의 해석이 옳다고 생각하는 주된 이유입니다. 모든 말은 그 말을 한 시간과 장소에서 사람들이 생각했을 자연스러운 의미로 받아들여야 합니다. 제 해석이 옳다고 생각하는 이유는 또 있습니다. 주님의 말씀을 이렇게 이해하면 세례 요한이 군인들에게 한 말과도 조화를 이루고, 우리 주님이 아낌없이 칭찬하신 소수의 사람 중에 로마군 백부장이 있었다는 사실도 자연스러워집니다. 또, 신약성경을 자체적으로 일관성 있는 책으로 생각할 수 있게 해 줍니다. 사도 바울은 통치자들이 칼을 사용하는 것을 인정하고 있고[10] 사도 베드로도 같은 입장입니다.[11] 우리 주님의 말씀을 반전론자들이 요구하는 식의 무조건적 의미로 받아들여야 한다면, 그리스도의 말씀의 참된 의미가 동시대에 같은 언어를 사용했던 사람들과 그분이 친히 그분의 말씀을 전할 전달자들로 택하신 사도들, 그리고 그 후계자들에게까지 숨겨져 있다가 우리 시대에 와서 마침내 발견되었다는 결론을 내릴 수밖에 없을 것입니다. 저는 이런 식의 주장을 어렵지 않게 믿는 사람들이 있다는 것을 압니다. 학계에도 플라톤이나 셰익스피어의 작품들의 진정한 의미가 당시 사람들과 바로 뒤 세대들에게는 희한하게 숨겨진 채 순결을 유지하고 있다가 현대의 교수 한두 명의 품에 대뜸 안겼다는 주장을 기꺼이 받아들이는 사람들이 있습니다. 하지만 저는 세속 학문에서도 이미 경멸하며 거부한 해석법을 하나님의 말씀에 적용할 수는 없습니다. 복음서에서 소위 '역사적 예수'를 추려 내고 그것을 근거로 기독교의 전통적 가르침과 반대되는 주장을 쌓아 나가는 모

___

10) 로마서 13장 4절.*
11) 베드로전서 2장 14절.*

든 이론은 일단 의심하는 것이 마땅합니다. 지금까지 참으로 많은 역사적 예수가 있었습니다. 자유주의 예수, 영적 예수pneumatic Jesus, 바르트주의 예수, 마르크스주의 예수. 그것들은 새로운 나폴레옹이나 새로운 빅토리아 여왕처럼 각 출판업자의 목록에 있는 싸구려 품목일 뿐입니다. 저는 그런 허깨비 속에서 신앙과 구원의 근거를 찾지 않습니다.

이제까지 살펴본 결과, 기독교의 권위는 반전론을 지지하지 않는 것으로 드러났습니다. 이제 한 가지 과정만 남았습니다. 사정이 이런데도 여전히 반전론자로 남아 있다면 혹시 감추어진 사심 때문은 아닌지 물어보는 일입니다. 이 부분에서 저를 오해하지 마시기를 바랍니다. 저는 대중매체가 하는 식으로 여러분을 조롱할 의향은 없습니다. 처음부터 분명히 말하지만, 이 자리에서 저만큼 용기 없는 사람도 없을 것입니다. 하지만 두 가지 선택에 따르는 결과가 각각 커다란 행복과 커다란 비참함이라면, 혹시 그 결과가 선택에 영향을 끼칠 가능성은 없느냐고 묻는 것이 그리 무례한 일은 아닐 것입니다. 여기서 분명히 해 두어야 할 것이 있습니다. 전쟁터에 나간 군인의 삶에는 우리가 두려워하는 모든 역경이 집약되어 있습니다. 그들은 질병에 걸렸을 때처럼 고통과 죽음의 위험에 시달려야 하고, 극심한 가난에 처한 사람처럼 초라한 잠자리, 추위, 더위, 갈증에 시달려야 합니다. 또, 마치 노예처럼 노역, 수모, 불의, 자의적 통치에 시달려야 합니다. 유배자가 된 것처럼 사랑하는 모든 사람과 떨어져 있어야 합니다. 노예선에 갇힌 것처럼 비좁은 막사에서 마음에 맞지 않는 사람들과 함께 지내야 합니다. 거기에는 불명예와 최종적 파멸을 제외한 **모든** 일시적인 악들이 우글거리고, 그것을 감당하는 사람들 또한 여러분 못지않게 그것을 싫어합니다. 반면, 여러분을 탓할 일은 아니지만, 반전론 때문에 여러분이 손해 볼 일은 거의 없는 것이 분명합니다. 여러분이 별로 만날 일도 없고 대수롭게 여기지도 않는 사람들이 주도하는 비난 여론이 좀 있겠지만, 모든 소수 집단 속에 존재하기 마련인 여러분끼리의 따뜻한 상호 인정이 그것을 이내 갚아 주고도 남을 것입니다. 게다가, 반전론은 여러분이 친숙한 환경에서 소중한 사람들과 어울리며 여러분에게 친숙하고 소중한 생활을 계속할 근거를 제공합니다. 반전론 덕분에 여러분은 경력을 쌓아 나갈 시간이 생깁니다. 여러분은 남들이 전쟁터에 나간 사이 비어 있는 일자리를 잡게 될 겁니다. 그리고 군인들이 언젠가 제대하고 돌아오면 그 외의 일자리들을 놓고 서로 경쟁해야겠지요. 여러분은 지난 전쟁 기간의 반전론자들과 달리 전쟁이 끝나고 찾아올 여론의 뭇매를 두려워할 필요도 없습니다. 이제 우리는 세상이 쉽사리 용서하지는 못해도 금세 잊어버린다는 사실을 알게 되었기 때문입니다.

이상이 제가 반전론자가 아닌 이유입니다. 제가 반전론자가 되려 한다면, 매우 의심스러운 사실적 근거와 모호한 추론, 제 생각에 반대하는 인간적 권위와 신적 권위의 무게, 그리고 개인적인 희망 사항에 이끌려 결정을 내렸다고 의심할 만한 근거들을 속속들이 발견하게 될 것입니다. 앞서 말씀드렸다시피, 도덕적 결정은 수학적 확실성을 보장할 수 없습니다. 결국 반전론이 옳을지도 모릅니다. 그러나 그럴 가능성은 대단히 희박해 보입니다. 인류의 절대다수의 목소리를 반대하고 나서기에는 그 가능성이 정말 터무니없이 희박합니다.

변환

Transposition

제가 속한 영국 성공회는 오늘[1]을 그리스도께서 승천하신 후 초대 그리스도인들에게 성령이 강림하신 날로 기념합니다. 이 성령 강림 때 또는 그 직후에 일어난 현상 하나를 살펴보려 합니다. 바로 우리 성경이 '방언'이라 기록하고 식자들은 글로소랄리아γλωσσολαλια라고 불렀던 현상입니다. 제가 이 현상을 선택한 것은 이것이 오순절의 가장 중요한 측면이라고 생각해서가 아니라 두 가지 다른 이유 때문입니다. 첫째, 제가 성령의 본질이나 성령의 사역 방식에 대

---

1) 루이스는 옥스퍼드의 맨스필드 칼리지 학장이던 너새니얼 미클렘(1888-1976)의 요청으로 1944년 5월 28일 성령강림절에 칼리지 예배당(회중교회)에서 설교했다.

해 말하는 건 우스꽝스러운 일이기 때문입니다. 그건 마치 아직 한참 배워야 할 학생이 누군가를 가르치려 드는 꼴일 것입니다. 둘째, 글로소랄리아는 제게 자주 걸림이 되었던, 솔직히 말하자면 당혹스러운 현상이기 때문입니다. 고린도전서에서 사도 바울은 이 현상 때문에 다소 거북한 상황에 처했던 듯하고, 교회가 명확하게 덕을 세우는 다른 은사들에 더 관심을 갖고 추구하게 하고자 노력했습니다. 하지만 바울은 그 정도 선에서 그쳤습니다. 그는 자신이 다른 누구보다도 방언에 능통하다는 사실을 스치듯 언급했을 뿐, 그 현상의 영적, 또는 초자연적 출처에 대해서는 문제를 제기하지 않았습니다.

제가 느끼는 어려움은 이것입니다. 글로소랄리아는 끊어졌다 이어졌다를 반복하면서 현재까지 이어져 내려온 '다양한 형태의 종교적 체험'입니다. 어떤 부흥회 모임에서 참석자 중 몇 명이 알아들을 수 없는 말을 갑자기 쏟아 내었다는 말을 종종 듣습니다. 그 현상 자체는 덕을 세우는 듯 보이지 않고, 비기독교인들은 그것을 일종의 히스테리, 신경의 흥분이 불현듯 나타나는 현상으로 설명할 것입니다. 물론, 같은 방식으로 이 현상을 설명하는 그리스도인들도 많을 것입니다. 저 역시 그 모든 경우마다 성령께서 일하고 계신다고 믿기는 아무래도 어렵습니다. 대체로 우리는 확신할 수는 없지만, 이 현상이 신경의 어떤 작용이 아닐까 생각합니다. 이상이 딜레마의 한쪽 부분입니다. 반면, 우리 그리스도인들은 오순절 사건을 없애 버리거나 그 자리에서 나타난 방언이 기적이었다는 사실은 부인할 수 없습니다. 그 사람들은 의미 없는 말이 아니라, 자신들은 원래 구사하지 못했지만 그 자리에 있던 다른 사람들은 아는 언어로 말했습니다. 이 현상을 포함한 전체 사건은 교회 탄생사에서 빠질 수 없는 축이 되고 있습니다. 이것은 부활하신 주님이 승천하시기 직전 교회를 향해 기다리라고 명하셨던 일이 이루어진 사건입니다. 그러므로 다른 때는 자연적인 현상이고 심지어 병리적인 증상이기도 한 방언이 어떤 경우에는 성령의 목소리가 되기도 한다고 (적어도 한 번은 그런 적이 있다고) 말해야 할 듯합니다. 일견 이것은 아주 놀랍고도 허점이 많은 주장인 듯합니다. 회의론자는 틀림없이 오캄의 면도날[2]을 들먹이며 우리가 가설들을 확대시킨다고 비판할 것입니다. "대부분의 글로소랄리아가 히스테리로 설명이 된다면, 나머지 글로소랄리아 역시 똑같은 방식으로 설명하는 것이 가장 적합하지 않느냐?" 회의론자는 그렇게 물어볼 것입니다.

저는 바로 이 문제의 난점을 최대한 해소해 보려고 합니다. 우선은 이런 난점이 있는 문제가 방언뿐이 아님을 지적해야겠습니다. 이런 부류에 가장 근접한 예로는 신비가들의 글에 나타나는 관능적인 언어와 이미지를 들 수 있습니다. 그들의 글에는, 우리가 사랑에

---

2) 무엇을 설명하기 위해 지나치게 많은 전제나 가설을 끌어들여서는 안 되며, 가장 간단한 가설이 진리일 확률이 높다는 원리.

빠졌을 때 익히 쓰거나 들어 봤고 바로 그 상황에서 분명하고 자연스러운 의미를 갖는 온갖 다양한 표현들이 들어 있으며, 따라서 온갖 다양한 감정들이 들어 있다고 할 수도 있습니다. 그러나 신비가들은 그러한 표현들이 나오게 된 출처가 우리가 현실에서 경험한 것과 다르다고 주장합니다. 여기서도 회의론자는 같은 식으로 문제를 제기할 수 있습니다. 한 가지 원인으로 99가지 사례를 설명할 수 있다면 그것으로 백 번째 사례를 설명하지 못할 이유가 무어냐고 말입니다. '신비주의는 관능적 현상'이라는 가정이 회의론자에게는 훨씬 더 그럴듯해 보일 것입니다.

분명히 자연적인 현상이 있고, 우리가 영적인 것이라 주장하는 현상이 있습니다. 그런데 그 둘이 전혀 달라 보이지 않습니다. 이것이 우리가 해결해야 할 문제입니다. 우리가 초자연적인 것이라 고백하는 삶에는 자연적 삶을 구성하는 요소들이 똑같이 등장하고 그 외 다른 요소들은 찾아보기 어렵습니다. 적어도 눈으로 보기에는 그렇습니다. 우리가 정말 초자연적인 계시를 받았다면, 요한계시록에 나오는 천국의 모습이 지상의 경험들(면류관, 보좌, 음악)로만 꾸며져 있고, 신앙고백의 표현이 연인들 사이의 표현과 똑같고, 그리스도인들이 그리스도와의 신비한 연합을 구현하는 의식(儀式)의 내용이 우리에게 너무나 친숙한 행위인 먹고 마시는 게 전부라니 너무나 이상하지 않습니까? 이 문제는 좀더 낮은 차원에서도 나타납니다. 영적인 삶과 자연적인 삶 사이뿐 아니라 높은 수준의 자연적인 삶과 낮은 수준의 자연적인 삶 사이에서도 똑같은 상황이 나타납니다. 냉소주의자들은 사랑과 정욕을 구분하는 문명사회의 관행에 대해 이의를 제기하는데 이는 상당히 그럴듯합니다. 그들은 사랑과 정욕 두 가지 모두가 결국 물리적으로는 같은 행위로 끝나지 않느냐고 말합니다. 또, 범죄자가 맞는 결과는 똑같다며 재판을 통한 처벌과 복수의 구분에도 문제를 제기합니다. 일단, 냉소주의자들과 회의론자들의 입장이 모두 그럴듯해 보인다는 것은 인정합시다. 복수나 재판을 통한 처벌에는 같은 행동이 등장하고, 사랑으로 결합한 부부의 첫날밤은 생물학적인 성욕과 생리적으로는 동일하며, 종교적 언어와 이미지, 어쩌면 종교적 감정 중에도 자연에서 빌려오지 않은 요소는 하나도 없습니다.

이 시점에서 비판자들을 반박할 방법은 그들의 주장과 똑같이 그럴듯해 보이지만 틀린 것임을 누구나 (믿음이나 논리가 아니라 경험적으로) 인정할 수밖에 없는 다른 사례들을 제시하는 것뿐인 듯합니다. 한 사건에서 높은 차원과 낮은 차원이 모두 등장하면서도 우리 대부분이 경험하는 사례를 찾을 수 있을까요? 저는 그럴 수 있다고 생각합니다. 《페피스의 일기Pepys's Diary》에 나오는 다음 인용문을 생각해 봅시다.

아내와 함께 킹스하우스에 가서 〈고결한 순교자〉 공연을 봤는데 정말 즐거웠다. …… 그러나 온 세상의 그 무엇보다 나를 더 즐겁게 해 준 것은 천사가 내려오는 장면에 맞추어 흘러나온 바람음악wind musick이었다. 그것이 얼마나 감미롭던지 나는 황홀감에 빠져 버렸다. 한마디로 내 영혼은 그 음악에 완전히 사로잡혔으며 속이 막 울렁거렸다. 그건 마치 옛날 아내와 사랑에 빠졌을 때와 비슷한 기분이었다. …… 나는 아내와 함께 바람음악을 배워 보리라 다짐했다.

(1668년 2월 27일)

여기에는 몇 가지 주목할 만한 사실이 있습니다. 첫째, 강렬한 미적 즐거움에 반응하는 몸의 감각은 두 가지 다른 경험, 즉 사랑에 빠졌을 때와 배를 타고 거친 바다를 항해할 때의 상태와 구별되지 않았습니다. 둘째, 이 두 경험 중 적어도 하나는 전혀 유쾌하지 않습니다. 메스꺼움을 좋아하는 사람은 없습니다. 셋째, 그렇지만 페피스는 뱃멀미할 때 느끼는 불쾌함과 똑같은 느낌을 다시 경험하고 싶어서 안달했습니다. 그래서 그는 바람음악을 배우기로 결심했습니다.

페피스와 똑같은 경험을 한 사람은 그리 많지 않을 수도 있지만 우리 모두 그와 비슷한 경험을 해 본 적이 있습니다. 강렬한 미적 환희를 느낄 때, 저는 자기반성을 통해 그 느낌의 실체를 붙잡아 보려 하는데, 그때 손에 잡히는 건 물리적 감각뿐입니다. 가슴이 두근거리거나 벌렁거리는 느낌 말입니다. 페피스는 바로 이 느낌을 두고 "속이 막 울렁거린다"고 말한 듯합니다. 여기서의 요점은 바로 이것입니다. 이 두근거림이나 벌렁거림은 갑작스럽게 커다란 괴로움이 닥칠 때의 느낌과 똑같습니다. 아무리 철저하게 자신을 살펴도, 나쁜 소식을 들었을 때의 신경 반응과 〈마술피리〉[3]의 곡조를 들을 때의 신경 반응의 차이점을 발견할 수 없습니다. 제가 감각만으로 이 상황을 판단한다면, 기쁨과 괴로움은 같은 것이고, 제가 가장 두려워하는 것이 바로 제가 가장 원하는 것이라는 말도 안 되는 결론을 내려야 합니다. 자신을 들여다보면 이 둘은 똑같아 보일 따름입니다. 여러분도 이 현상에 주목해 보신다면 대부분 똑같은 말을 할 것입니다.

이제 한 걸음 더 나아가 봅시다. 페피스의 울렁거림과 제 두근거림 같은 감각들은 전혀 다른 경험 속에서 동시에 나타나지만 둘 다 감각적으로 부적절한 반응이 아니면서도 각기 다른 결과를 낳습니다. 페피스가 실제로 뱃멀미를 했다면 속이 울렁거리는 느낌을 좋아하지 않았을 겁니다. 하지만 바람음악을 들으면서 느낀 울렁거림은 좋아했습니다. 그 느낌을 다시 얻기 위해 조치를 취했다는 글을 보면 분명히 알 수 있습니다. 저 역시 똑같은 두근거림이 기쁘고 좋게 여겨질 때가 있는가 하면, 괴롭고 싫게 다가오는 상황도 있습니다. 두근거림은 단순히 기쁨과 괴로움의 신호가 아닙니다. 그것 자

---

3) 모차르트의 오페라.

체가 기쁨과 괴로움이 됩니다. 기쁨이 흘러 넘쳐 우리의 신경 체계로 들어가면, 그것이 바로 기쁨의 완성입니다. 하지만 괴로움이 흘러 넘쳐서 몸에 같은 증상이 찾아오면 끔찍이도 싫습니다. 똑같은 것이 가장 달콤한 한 방울과 가장 쓴 한 방울을 모두 만듭니다.

우리가 찾는 사례가 바로 이것이라고 생각합니다. 저는 감각적인 느낌보다 감정적인 느낌이 '더 높은 차원'이라고 생각합니다. 물론 도덕적으로 우월하다는 뜻이 아니라, 더 풍부하고 다양하고 미묘하다는 뜻입니다. 이것은 우리 대부분이 아는 차원이기도 합니다. 자신의 감각과 감정 사이의 관계를 주의 깊게 살펴본 사람이라면 누구나 다음과 같은 사실들을 인정하게 될 것입니다. 첫째, 우리 몸의 신경 조직은 일단 여러 가지 감정에 적합하고 절묘하게 반응합니다. 둘째, 감각은 감정보다 훨씬 제한적이고 느낌의 종류도 훨씬 적습니다. 셋째, 이를 보완하기 위해 우리는 **하나의** 감각으로 한 가지 이상의 감정을 표현합니다. 앞에서 살펴본 것처럼 동일한 감각으로 정반대의 감정을 표현하기도 합니다.

우리는 두 체계 사이에 어떤 대응 관계가 있다면 당연히 일대일 대응 관계여야 한다고 잘못 생각하기 쉽습니다. 한 체계에 'A'가 있으면 나머지 체계에도 그에 대응하는 'a'가 있어야 한다는 식으로 죽 생각을 펼치는 것입니다. 그러나 감정과 감각 사이의 대응 관계는 그런 식으로 이루어지지 않습니다. 한 체계가 다른 체계보다 훨씬 풍부한 상황에서는 그런 대응 관계가 있을 수 없습니다. 빈약한 체계로 풍부한 체계를 표현해야 한다면, 빈약한 체계의 각 요소들에 한 가지 이상의 의미를 부여할 수밖에 없습니다. 풍부한 체계에서 빈약한 체계로의 변환은 말하자면 산수적이 아니라 대수적인 것이라 할 수 있습니다. 어휘가 부족한 언어로 어휘가 풍부한 언어를 번역해야 한다면, 여러 단어를 한 가지 이상의 의미로 사용할 수밖에 없습니다. 스물 두 개의 모음 음가를 가진 언어를 다섯 개의 모음 자모를 가진 문자로 적어야 한다면, 그 다섯 자모 각각에 하나 이상의 음가를 부여해야 합니다. 관현악단을 위해 작곡된 작품을 피아노곡으로 편곡한다면, 피아노 음으로 플루트나 바이올린의 음까지 나타내야 합니다.

이상의 예들이 보여 주듯, 우리 모두 풍부한 매개체에서 빈약한 매개체로 옮겨갈 때 나타나는 이런 변환 내지 각색 현상에 아주 친숙합니다. 그중에서도 가장 친숙한 사례는 그림 그리기입니다. 삼차원의 세계를 평면의 종이에다 표현하기 위해 그림에서 사용하는 방법이 원근법입니다. 원근법은 이차원의 모양에 한 가지 이상의 값을 부여한 것입니다. 그래서 정육면체를 그릴 때는 실세계에서 원래 직각인 모양을 예각으로 나타냅니다. 하지만 다 그런 건 아닙니다. 종이 위의 예각이 실세계에서도 예각인 경우가 있습니다. 창끝이나 뾰족지붕처럼 말입니다. 관찰자로부터 죽 뻗어 나가는 직선 도로를 표현한 모양은 고깔모자를 표현하는 모양과 같습니다. 명암도 마찬가지입니다. 그림에서 가장 밝은 색은 말 그대로 그저 하얀 종이일 뿐인데, 그것으로 태양이나 저녁 빛을 받은 호수, 눈, 또는 사람의 피부색을 나타냅니다.

저는 우리 앞에 놓인 변환의 사례들에 대해 두 가지로 말씀드리려 합니다.

첫째, 낮은 매개체에서 벌어지는 상황은 높은 매개체를 알 때만 이해할 수 있습니다. 이 지식이 대부분 결여된 경우가 바로 음악입니다. 같은 피아노 편곡 작품이라도 원래의 관현악곡을 아는 음악가와 그냥 피아노곡으로만 아는 사람이 듣는다면, 각각 전혀 다르게 들릴 것입니다. 더군다나 두 번째 사람이 피아노 외의 다른 악기 소리를 들어 본 적이 없고 다른 악기의 존재마저 의심한다면 원작인 관현악곡을 상상하기가 훨씬 더 어려울 것입니다. 그림의 경우는 더합니다. 우리가 그림을 이해할 수 있는 이유는 삼차원 세계를 알고 그 세계에서 살기 때문입니다. 이차원만 인식하다가 어떤 경위로 종이 너머로 기어 올라가 종이에 그려진 선들을 보게 된 존재가 있다면, 그가 그 선들이 표현하는 그림을 이해하기란 참으로 불가능할 것입니다. 처음에 그는 삼차원 세계가 있다는 우리의 주장을 일단 받아들이고 증거를 요구할 것입니다. 그러나 우리가 종이 위의 선들을 가리키며 "이것이 도로라는 거야"라고 설명하면, 그는 신비로운 우리 세계의 계시로 그에게 제시하는 것이 삼각형 모양과 같지 않느냐고 대답할 것입니다. 그리고 이내 이렇게 물을 것입니다. "당신은 다른 세계와 '입체'라고 부르는 상상할 수 없는 모양에 대한 얘기를 계속하고 있습니다. 하지만 당신이 그것의 이미지나 반영으로 제시하는 모양이란 걸 들여다보면 모두 내가 원래 알고 있던 우리 세계의 이차원 모양들뿐이라는 게 상당히 수상하지 않습니까? 당신이 뽐내는 다른 세계란, 이 세계의 원형이 아니라 이 세계로부터 모든 요소들을 빌려간 꿈이라는 게 분명하지 않습니까?"

둘째, 낮은 매개체로 옮겨갈 때 높은 매개체가 겪는 변환을 **상징**이라는 말로 다 설명할 수 없다는 데 주목해야 합니다. 그 단어가 딱 들어맞는 경우들도 있지만, 그렇지 않은 경우들도 있습니다. 말과 글은 상징 관계입니다. 문자는 눈을 위해서만 존재하고, 말은 귀를 위해서만 존재합니다. 둘 사이는 완전히 단절되어 있습니다. 그것들은 서로 비슷하지도 않고, 둘 사이에 어떤 인과관계도 없습니다. 글은 말의 **기호**에 불과하고 약속에 따라 말을 나타냅니다. 그러나 그림은 그런 식으로 가시계可視界와 연결된 것이 아닙니다. 그림은 가시계의 일부이고, 그럼으로써만 보이는 세계를 나타낼 수 있습니다. 그림이 보이게 만드는 근원은 동일합니다. 그림 속의 태양이나 램프가 상당히 빛나는 것처럼 보이는 이유는, 진짜 태양이나 램프가 그 위에 빛을 비춰 주기 때문입니다. 즉 그 원형인 진짜 태양이나 램프의 빛을 받아 실제로 어느 정도 반사하기 때문입니다. 그러므로 그림 속의 햇빛과 진짜 햇빛의 관계는 글과 말의 관계와는 다릅니다. 그것은 기호이자 기호 이상이며, 기호 이상이기에 기호일 수 있습니다. 태양 그림 안에는 태양이 특정한 방식으로 실제로 존재합니다. 제가 그 관계에 이름을 붙인다면 상징적인 관계라는 말 대신 성례전적 관계라고 하겠습니다. 우리가 출발점으로 삼았던 사례, 즉 감정과 감각의 경우도 그냥 상징과는 매우 다릅니다. 우리가 살펴본 것처럼, 하나의 감각은 다양한 감정들, 때로는 상반되는 감정들을 다 나타내고 그 감정들의 일부가 됩니다. 말하자면 감정이 내려와 감각의 몸을 입고 그것을 소화하고 바꾸고 변화시켜 마침내 신경에 퍼지는 전율이 **바로** 기쁨이거나 **바로** 괴로움이 됩니다.

제가 변환이라고 부르는 현상이 빈약한 매체가 풍부한 매체에 반응하는 유일한 방식이라고 주장하지는 않겠습니다. 하지만 다른 방식을 상상하기가 아주 어려운 것은 분명합니다. 그러므로 높은 차원의 현상이 그보다 낮은 차원에서 재현될 때마다 변환이 일어난다는 주장이 전혀 터무니없는 억측은 아닙니다. 잠시 딴소리를 하자면, 마음과 몸 사이에서도 변환이 일어날 가능성이 아주 높습니다. 우리는 적어도 이생에서는 생각이 뇌와 긴밀히 연결되어 있다고 믿습니다. 그렇지만 생각이 뇌 안의 움직임에 불과하다는 이론은 허튼소리입니다. 만약 그 이론이 옳다면, 그 이론 자체가 뇌 속에서 이루어지는 움직임이요 원자들 사이에서 벌어지는 사건에 불과할 것이므로, 그것을 두고 "옳다"거나 "그르다"고 말하는 것이 무의미하기 때문입니다. 그리고 뇌와 의식 사이의 대응 관계를 다시 따져 보지 않을 수 없게 될 것입니다. 하지만 그런 식의 일대일 대응 관계를 가정하기 위해서는 믿기 어려울 만큼 복잡하고 다양한 사건들을 뇌의 역할로 돌려야 합니다. 그러나 일대일 관계를 상정할 필요는 없을 듯합니다. 우리가 살펴본 사례들처럼 뇌에서 의식의 변환이 이루어지는 건 아닐까요? 그럴 경우, 뇌는 의식의 변이 하나하나에 대응하는 개별적, 물리적 변이를 일으키지 않더라도 무한히 다양한 변이를 보여 주는 의식과 (어떤 의미에서는 적절하고도 절묘한) 대응 관계를 이루며 반응할 수 있을 것입니다.

자, 이제 영과 자연, 하나님과 인간에 대한 원래의 질문으로 돌아갑시다. 문제가 무엇이었습니까? 우리가 영적 삶이라고 주장하는 상태에 자연적 삶의 요소들이 모두 등장할 뿐 아니라, 그 외의 다른 요소들은 도통 보이지 않는다는 점입니다. 이 상황은, 영적인 것이 자연적인 것보다 더 풍성하다면(영적인 것의 존재를 믿는 사람이라면 아무도 부인하지 않을 사실입니다), 정확히 우리가 예상할 만한 상황입니다. 소위 영적인 것이 실제로는 자연적인 것에서 추론한 산물이고, 자연적인 것의 신기루나 투사, 혹은 가상적인 확장일 뿐이라는 회의론자의 결론도 능히 예상할 수 있는 주장입니다. 우리가 살펴봤듯이, 변환이 일어나는 모든 경우에 있어서 낮은 매체만 아는 관찰자는 이런 실수를 저지르게 마련이기 때문입니다. 육욕에 사로잡힌 남자가 아무리 사랑을 분석해 봐야 정욕 말고는 그 안에서 아무것도 발견하지 못합니다. 이차원의 세계에 있는 인간은 그림에서 평평한 모양 외에 아무것도 발견하지 못합니다. 생리학이 인간의 생각을 살펴 발견한 것이라곤 회색 물질의 경련뿐입니다. 아래로부터 변환 현상에 접근하는 비판자를 을러 봐야 소용없습니다. 그가 확보할 수 있는 증거에 따르면 다른 결론이 있을 수 없기 때문입니다.

그러나 위로부터 변환 현상에 접근하면 모든 것이 달라집니다. 앞에서 감정과 감각, 삼차원 세계와 그림의 관계를 통해 누구나 아는 그런 차이를 보았습니다. 방언의 경우에는 영적인 사람이 그렇게 위로부터 접근할 수 있습니다. 사도 바울처럼 방언을 하는 사람들은 그 거룩한 현상이 신경증적 현상과 어떻게 다른지 잘 알 수 있습니다. 하지만 물리적으로 볼 때 그 둘은 정확히 동일한 현상이라는 점을 기억해야 합니다. 페피스가 사랑에 빠졌을 때나 음악에 취했을 때나 뱃멀미를 할 때 똑같은 감각이 찾아왔던 것과 같습니다. 영적인 일들은 영적으로만 분별됩니다. 신령한 자는 모든 것을 판단하지만 자기는 아무에게도 판단을 받지 않습니다.[4]

그러나 누가 감히 신령한 사람이라 자처할 수 있습니까? 온전한 의미로 말하자면, 누구도 그럴 수 없습니다. 그러나 이 세상에서 그리스도인의 삶을 구현하는 그 변환들 중 최소한 일부의 경우, 우리 그리스도인들은 위로부터, 혹은 내면으로부터 그 변환들에 접근한다는 사실을 압니다. 아무리 그럴 자격이 없다고, 주제넘은 짓이라고 느껴지더라도, 우리는 변환되는 높은 체계에 대해 약간은 안다

---

4) 고린도전서 2장 15절.

고 단언해야 합니다. 어떤 면에서 우리가 내세우는 주장은 그리 놀라운 게 아닙니다. 지금 우리는 우리의 신앙이 정확히 무엇인지 몰라도 성적 욕구는 분명히 아니라는 사실과, 천국을 향한 우리의 욕구가 적어도 오래 살고 싶거나 보물을 많이 갖고 싶거나 근사한 상류 사회에 끼고 싶은 욕구는 아니라는 사실을 안다고 주장할 따름입니다. 우리는 사도 바울이 신령한 삶이라고 부를 법한 수준에 도달한 적이 없는지도 모릅니다. 하지만 적어도 자연적인 행동과 이미지와 언어에 새로운 가치를 담으려 노력했고, 계산된 행동에 그치지 않는 회개와 자기중심적이지 않은 사랑을 원했음을 희미하고 혼란스러운 방식으로나마 압니다. 최악의 경우라도, 우리는 우리 스스로가 기준에 미치지 못했다는 사실을 알 정도의 영적인 지식은 있습니다. 그건 마치 그림 자신이 삼차원 세계를 웬만큼 알아서 자기가 평면임을 인식하게 되는 상황과 같습니다.

우리 지식의 희미함을 강조해야 하는 이유는 겸손이 미덕이기 때문만이 아닙니다. 저는 하나님이 일으키시는 직접적인 기적이 없는 한, 자기반성으로 영적 체험을 파악할 수는 없다고 생각합니다. 우리 감정조차도 그렇게 되지 않을진대(지금 우리가 **느끼는** 내용을 알아내려고 시도하면 신체의 감각만 얻을 뿐입니다), 성령의 일하심은 더 말할 것도 없습니다. 자기반성을 통해 자신의 영적 상태를 발견하려는 시도는 끔찍한 일입니다. 그런 시도를 해 봐야 하나님의 영과 우리 영의 비밀이 밝혀지지는 않습니다. 기껏해야 그 둘이 우리의 지성, 감성,

상상력에 남긴 변환만 드러날 것이고, 최악의 경우엔 주제넘은 생각이나 절망에 빠지게 될 것입니다.

저는 이 변환의 교리가 소망이라는 신학적 덕목을 이해하는 데 긴요하다고 믿습니다. 우리는 원할 수 있는 것만을 소망할 수 있습니다. 그런데 우리가 천국에 대해 가질 수 있는 성숙하고 철학적으로 타당한 모든 개념들에 따르면, 우리 본성이 원하는 것들 대부분이 천국에서 설자리가 없다는 문제가 있습니다. 이런 문제에서 오는 어려움을 전혀 겪지 않는 복되고 천진난만한 믿음, 어린아이 같은 혹은 미개인 같은 믿음이 분명히 존재합니다. 그런 믿음은 찬송가 작사가들이 그려 보이는 하프와 황금길과 가족들의 재회 장면들을 어색한 질문들 없이 사실로 받아들입니다. 그런 믿음은 얼핏 속는 것처럼 보이지만 가장 깊은 의미에서는 속는 것이 아닙니다. 상징을 사실로 오해하는 실수를 범했지만, 천국을 기쁨과 풍요와 사랑으로 이해했기 때문입니다. 그러나 우리 대부분에게 그런 믿음은 불가능합니다. 우리는 실제보다 더 순진한 척하려고 술책을 부려서는 안 됩니다. 어른이 어린 시절의 흉내를 낸다고 "어린아이처럼 되지"는 않습니다. 그렇기 때문에 우리가 가진 천국 개념 속엔 먹을 것도 마실 것도 없고, 섹스도 없고, 움직임도 법석도 없고, 웃음도 없고, 사건도 없고, 시간도 없고, 예술도 없을 거라는 부정적인 진술이 끝없이 이어집니다.

이 모든 '없는 것들'과 더불어, 우리는 천국에 한 가지가 있다고 말합니다. 천국에서 우리는 하나님을 뵙고 누릴 수 있습니다. 그 사실이 무한한 행복이기 때문에 우리는 그것이 다른 모든 것보다 더 가치 있다고 주장합니다. 맞는 말입니다. 즉, 부정적 진술들이 담아낸 실체보다 지복직관至福直觀[5]이 무한히 더 가치 있을 것입니다. 하지만 하나님을 뵙는 일에 대해 우리가 현재 가지고 있는 개념이 우리가 현재 부정한 것들에 대한 개념보다 더 비중이 클까요? 이것은 성질이 전혀 다른 질문입니다. 대부분의 경우, 우리는 아니라고 대답할 것입니다. 위대한 성인들과 신비가들은 어떠했는지 모르겠습니다. 하지만 그 외의 사람들에게 지복직관의 개념은 지상 경험의 몇 안 되는 모호한 순간들로부터 이끌어 낸 어렵고, 근거 없고, 부질없는 억측으로 보이는 반면, 천국에 없다고 부정해 버린 자연적 대상들은 우리에게 평생의 추억들을 담고 있으며 우리의 신경과 근육, 그리고 상상력에 깊이 새겨져 생생하고 끈질기게 남아 있습니다.

따라서 천국에 '없는 것들'이 소위 '있는 것'과 경쟁할 때는 모든 면에서 유리할 수밖에 없습니다. 더욱이, 우리가 억누르고 무시하려고 단호하게 노력할수록 더욱 생생하게 모습을 드러내는 그것들의 존재는 그나마 남아 있는 '있는 것'에 대한 더없이 막연하고 공허한 개념마저 흔들어 버립니다. 열등한 행복들을 배제하는 것이

---

5) Beatific Vision. 성도가 천국에서 하나님을 뵙는 일.

고등한 행복의 본질적 특징으로 보이기 시작합니다. 말로 표현하지는 않더라도, 하나님을 뵙는 일이 우리의 본성을 온전히 실현하는 것이 아니라 오히려 파괴할 거라고 느낍니다. 이런 음울한 공상은 우리가 '거룩한', '순결한', '영적' 같은 단어들을 사용할 때도 종종 밑바닥에 깔려 있습니다.

할 수만 있다면 우리는 음울한 공상에 빠지는 일을 막아야 합니다. 모든 부정否定은 한 가지 실현을 뒤집어 표현한 것임을 믿어야 합니다. 그리고 어느 정도 그렇게 상상해야 합니다. 여기서의 실현이란 우리가 천사처럼 변하거나 신성에 흡수되는 것이 아니라 우리의 인간성이 온전히 실현된다는 뜻이어야 합니다. 우리는 '천사처럼' 될 것이고 우리 주님을 '닮아 갈' 것이지만, 저는 이것이 다양한 악기가 같은 공기를 고유한 방식으로 울려 연주하듯 '인간에게 적절한 방식으로 닮은' 상태를 뜻한다고 생각합니다. 부활한 사람의 생명이 어느 정도의 감각을 갖고 있는지는 모르지만, 저는 그것이 우리가 세상에서 느끼는 감각과는 다를 거라 생각합니다. 그것도 진공 상태가 물과 다르거나 물이 포도주와 다른 방식이 아니라, 꽃이 구근과 다르고, 대성당이 설계자의 그림과 다른 것처럼 다를 것입니다. 그리고 바로 이 부분에서 변환이 제게 도움이 됩니다.

이야기를 하나 만들어 봅시다. 가령 어떤 여성이 지하 감옥에 갇혔다고 합시다. 그곳에서 그녀는 아들을 낳아 기릅니다. 아이는 지하 감옥의 벽, 바닥의 지푸라기, 그리고 창살을 통해 보이는 작은 하늘만 보고 자라납니다. 창이 너무 높아서 하늘 외에는 아무것도 보이지 않습니다. 이 불행한 여인은 미술가였고, 투옥되었을 때 간신히 그림판과 연필 세트를 가져올 수 있었습니다. 그녀는 구출될 희망을 절대 버리지 않기 때문에, 아들에게 한 번도 보지 못한 바깥세상에 대해 끊임없이 가르칩니다. 교육 방법은 주로 그림을 그려 주는 것입니다. 그녀는 연필로 그림을 그려 들판, 강, 산, 도시, 해변의 파도가 어떤 것인지 아들에게 보여 주려 합니다. 말 잘 듣는 아이는 바깥세상이 지하 감옥 안의 어떤 것보다 훨씬 더 흥미롭고 영광스럽다는 어머니의 말씀을 믿으려고 애씁니다. 때때로 아이는 정말 그럴 것 같은 생각이 들기도 합니다. 그렇게 그럭저럭 잘 지내던 어느 날, 아이의 입에서 나온 말에 어머니는 깜짝 놀랍니다. 잠시 동안 두 사람은 동문서답을 합니다. 그리고 마침내 어머니는 아들이 그 오랜 세월 동안 오해를 하고 살았음을 깨닫습니다. 그리고 묻습니다. "하지만 진짜 세상에 연필로 그려진 선들이 가득하다고 생각한 건 아니겠지?" 소년이 대답합니다. "예? 거기엔 연필 자국이 없다고요?" 갑자기 바깥세상에 대한 그의 생각 전체가 멍해집니다. 그와 바깥세상을 연결해 준 유일한 매개물이었던 선들이 방금 부정되었기 때문입니다. 아이는 선들을 배제하고 난 뒤 남는 것, 그저 변환의 매개체에 불과한 선들이 나타내는 실체를 전혀 모릅니다. 바람에 흔들리는 우듬지, 수면 위에 춤추는 햇빛, 선에 갇혀 있지 않고 어떤 그림도 흉내 낼 수 없는 섬세하고 다양한 모양으로 매순간 나타나는 총천연색 삼차원의 실체들 말입니다. 아이는 진짜 세계가 어머니의 그림들보다 선명하지 않을 거라고 생각할 것입니다. 그러나 실제로는 정반대입니다. 진짜 세상에 선들이 없는 것은 진짜 세상이 비할 바 없이 선명하기 때문입니다.

우리도 마찬가지입니다. "장차 우리가 어떻게 될지는 아직 모릅니다."[6] 그러나 우리는 이 땅에서보다 더 훌륭하게 될 거라고 확신할 수 있습니다. 우리의 자연적(감각, 감정, 상상을 통한) 경험들은 그림에 불과합니다. 종이에 연필로 그린 선들과 같습니다. 부활한 삶에서 우리의 자연적 경험들이 사라진다면, 그것은 연필 선이 사라지고 진짜 경치가 드러나는 일이 될 것입니다. 촛불이 꺼진 것이 아니라 누군가가 블라인드를 걷고 덧문을 열어 환한 햇빛이 들어왔기 때문에 촛불이 보이지 않게 된 것입니다.

이것을 표현하는 방식은 두 가지가 있습니다. 어느 쪽을 택하셔도 좋습니다. 우선, 오감을 포함한 우리의 인간성 전체가 변환을 통해 지복至福의 매개물이 될 수 있다고 말할 수 있습니다. 두 번째로, 하늘의 하사품이 변환을 통해 이생에서 우리의 일시적 경험으로 구현된다고 말할 수도 있습니다. 그런데 두 번째 방식이 더 낫습니다. 현재의 삶은 바로 실체가 축소, 상징, 탈색된 것, (말하자면) '채식주의자'의 대체물과 같습니다. 혈과 육이 하나님 나라를 유업

---

6) 요한일서 3장 2절 참조.

으로 받을 수 없다면,[7] 그것이 너무 딱딱하거나 대단하거나 독특하거나 '존재가 뛰어나서'가 아니라, 너무 무르고 덧없고 공허하기 때문입니다.

이것으로 제 변론을 모두 마쳤습니다. 여기에 네 가지 정도만 더 덧붙이겠습니다.

첫째, 제가 말하는 변환의 개념이 같은 용도로 자주 사용되는 다른 개념과 다르다는 사실이 분명히 드러났으면 합니다. 그 다른 개념은 '진보'입니다. 진보주의자는 자연적인 것들이 서서히 소위 영적인 것들로 바뀐다는 말로 둘 사이의 연속성을 설명합니다. 저는 이 견해가 일부 사실들을 설명하는 건 맞지만 엉뚱한 데까지 너무 많이 쓰였다고 생각합니다. 어쨌거나 이것은 제가 설명하는 이론이 아닙니다. 저는 지금 식사라는 자연스러운 행위가 수백만 년을 거치면서 기독교의 성례가 된다고 말하는 게 아닙니다. 식사라는 행위를 하는 어떤 피조물이 생기기 전부터 존재했던 영적 실재가 이 자연적인 행위에 새로운 의미를 부여한다고 말하는 겁니다. 아니, 새로운 의미 정도가 아닙니다. 어떤 맥락에서는 그 행위를 전혀 다른 것으로 만듭니다. 한마디로 말하면, 언젠가 그림들이 진짜 나무와 풀로 변한다는 게 아니라 진짜 경치가 그림 안으로 들어온다는 겁니다.

---

7) 고린도전서 15장 50절.

둘째, 제가 변환이라고 부르는 현상에 대해 생각하면서 이것이 성육신을 이해하는 데 도움이 될지 스스로에게 묻지 않을 수 없었습니다. 물론 변환이 그저 상징일 뿐이라면 이 문제에 아무런 도움을 주지 못할 뿐 아니라, 오히려 우리를 완전히 빗나가게 만들어 새로운 종류의 가현설假現說[8](아니면 옛날 것과 똑같은 것에 불과할까요?)로 이끌게 될 것이고, 결국 우리의 모든 소망과 믿음과 사랑의 중심인 철저히 역사적이고 구체적인 실체로부터 우리를 떼어 놓을 것입니다. 하지만 제가 지적한 바와 같이, 변환이 언제나 상징인 것은 아닙니다. 낮은 실재가 더 높은 실재로 끌려 들어가 그 일부가 될 수 있습니다. 그 정도는 경우에 따라 여러 가지로 다를 수 있습니다. 기쁨에 따라오는 감각은 그 자체가 기쁨이 됩니다. 우리는 이것을 '성육신한 기쁨'이라고 말할 수밖에 없습니다. 만약 그렇다면, 변환 개념이 성육신의 신학—또는 적어도 성육신의 철학—에 기여할 바가 있지 않을까요? 저는 이 부분을 아주 조심스럽게, 잠정적으로나마 감히 제안해 봅니다. 신경 중 하나[9]에 따르면, 성육신은 "신성이 육신으로 변화됨으로써가 아니라 하나님이 인성을 취하심으로" 이루어졌습니다. 저는 이 부분과 제가 말하는 변환이 참으로 유사

---

8) Docetism. 예수 그리스도가 세상에서 살 때 가졌던 육체는 진짜 육체가 아니고 육체처럼 보였을 뿐이며, 그리스도는 십자가에서 이 몸을 떠났으므로 십자가에서 죽은 것은 하나님 아들 그리스도가 아니고 인간 예수라고 주장하는 이단 교리.
9) 아타나시우스 신경.

해 보입니다. 인성이 인성을 유지하면서도 신성으로 여겨질 뿐 아니라 참으로 신성에 참여하는 것은, 기쁨에 동반되는 감각(그 자체는 즐거움이 아닙니다)이 기쁨에 참여하는 상황과 같아 보입니다. 하지만 저는 지금 제가 감당할 수 없는 놀라운 주제를 다루고 있으니 이 모든 이야기를 진짜 신학자들의 판단에 맡깁니다.

셋째, 낮은 차원의 매개물로만 변환을 해석하는 사람은 변환 전체에 대한 오류를 피할 수 없다는 점을 줄곧 강조했습니다. 그런 비판자의 힘은 '단지'나 '불과한'이라는 단어에 있습니다. 그는 모든 사실을 보지만 그 의미는 보지 못합니다. 그러므로 그가 모든 사실을 다 봤다고 주장해도 틀린 건 아닙니다. 그러나 사실에서 의미를 제외하면 아무것도 남는 게 없습니다. 그러므로 이 문제에 대해 그는 동물의 위치에 있습니다. 여러분은 대부분의 개들이 손가락 **지시**를 이해하지 못하는 사실을 아실 것입니다. 여러분이 바닥에 있는 음식을 가리키면, 개는 바닥을 보지 않고 여러분의 손가락 냄새를 맡습니다. 개에게 손가락은 손가락일 뿐 더 이상의 의미는 없습니다. 사실적인 리얼리즘이 지배적인 시기에는 이런 개 비슷한 마음을 이끌어 내려는 사람들을 많이 보게 될 것입니다. 내면에서 사랑을 체험한 사람이 바깥에서 그것을 분석한다고 나설 것이고, 그렇게 나온 분석 결과를 자신의 경험보다 더 참된 것으로 여길 것입니다. 이런 극단적인 자기 속박의 사례는 여느 누구와 똑같이 의식意識을 가지고 있으면서도 인간이 의식을 가진 존재임을 모른다는 듯 인간을 연구하는 사람들입니다. 심지어 이렇게 위로부터 이해하는 것이 가능한 대상에 대해서조차 그런 이해를 한사코 거부하는 이런 일이 계속되는 상황에서 유물론에 대한 최종 승리를 말해 봐야 어불성설입니다. 모든 경험을 아래로부터 비판하고, 의미를 의도적으로 무시하고 사실에만 집중하는 것은 늘 그럴 듯하게 보일 것입니다. 종교는 단지 심리학적인 현상일 뿐이고, 정의는 자기 방어에 불과하고, 정치는 경제학일 뿐이고, 사랑은 정욕일 뿐이며, 생각도 뇌의 생화학에 불과함을 보여 줄 증거는 언제나 있을 것이고 매달 새로운 증거가 쏟아질 것입니다.

넷째, 저는 변환에 대해 지금까지 말한 내용이 몸의 부활 교리를 이해하는 데 도움이 된다고 생각합니다. 어떤 의미에서 변환은 무엇이나 할 수 있습니다. 영과 자연, 미적 기쁨과 가슴의 벌렁거림, 현실과 그림의 차이점이 아무리 크다 해도, 변환은 고유한 방식으로 둘 사이에서 적절함을 유지할 수 있습니다. 앞에서 저는 그림에서 종이의 하얀 부분이 태양, 구름, 눈, 물, 사람의 피부를 나타낸다고 말했습니다. 어떤 의미에서는 비참할 만큼 부적절합니다! 하지만 또 어떤 의미에서는 참으로 완벽합니다. 명암을 제대로 주면, 종이의 흰 부분은 희한하게도 정말 이글거리는 햇빛처럼 보일 것입니다. 종이 위의 눈을 보노라면 추위가 느껴지고 불을 보면 손을 녹일 수 있을 듯한 착각까지 들 것입니다. 이와 마찬가지로, 성령의 체험이 아무리 초월적이고 초자연적이라 해도, 신을 뵙는 일이 아무리 친밀하고 모든 이미지와 감정을 완전히 뛰어넘는다 해도, 감각적 차원과 적절한 대응 관계가 있을 거라고 유추할 수 있지 않겠습니까? 그 관계는 기존에 없는 새로운 감각에 의해서가 아니라, 지금 우리가 갖고 있는 감각에 전혀 새로운 의미 부여와 가치 변화가 이루어지면서 나타날 것입니다.

신학은 시詩인가?

Is Theology Poetry?

오늘밤 요청받은 질문, "신학은 시인가?"[1]는 제가 고른 주제가 아닙니다. 저는 시험을 치러 온 학생의 입장이니, 질문을 제대로 이해했는지 먼저 확인하라는 선생님들의 조언을 따라야겠습니다.

저는 **신학**을 '종교를 믿는 사람들의 하나님에 대한, 또 그분과 인간의 관계에 대한 체계적인 진술들의 모음'이라고 생각합니다. 이 클럽에서 제게 보낸 글로 미루어 보아, 여기서의 신학은 주로 기독교 신학을 뜻한다고 생각해도 좋을 것 같습니다. 제가 이렇듯 씩씩하게 가정할 수 있는 이유는 다른 종교에 대한 제 생각을 오늘 이

1) 옥스퍼드대학 소크라테스 클럽에서 발표한 원고이다.

자리에서 드러낼 것이기 때문입니다. 세계의 종교들 중에서 신학을 가진 종교는 소수에 불과합니다. 그리스인들이 제우스에 대해 믿는 내용으로 합의한 체계적인 진술은 없었습니다.

시는 신학보다 정의하기가 더 어렵지만, 제 시험관들이 염두에 두었던 질문이 무엇인지는 알 것 같습니다. 우선 이 질문에 포함되지 않는 것이 분명한 내용들을 제외시켜 보겠습니다. "신학은 시인가?" 라는 질문은 신학이 운문으로 쓰인 것인지 묻는 게 아니었습니다. 대부분의 신학자들이 '단순하고, 감각적이고, 열정적인' 문체의 달인들이냐고 묻는 것도 아니었습니다. 저는 이 질문을 "신학이 시에 불과한가?"라는 뜻으로 이해합니다. 이 질문은 또 이렇게도 풀어 볼 수 있습니다. "신학이 제공하는 진리는 일부 비판자들의 주장처럼 기껏해야 시가 제공하는 진리 정도에 **불과한가?**" 이런 질문에 대답하기 어려운 이유는 무엇보다도 '시적 진리'가 무엇인지, 혹은 과연 그런 게 정말 있는지에 대한 일반적인 합의가 없기 때문입니다. 그러므로 이 강연을 위해서는 시란 상상력을 불러일으키고 만족시켜 주는 글이라고 아주 애매하면서 무난하게 정의하는 것이 최선일 듯합니다. 그렇게 되면, 제가 대답해야 할 질문을 이렇게 정리할 수 있습니다. 기독교 신학의 매력은 상상력을 고취하고 만족시키는 힘에서 나오는가? 기독교 신학을 믿는 사람은 미적 즐거움을 지적 동의로 오해하고 있나? 즉, 좋아하기 때문에 동의하는가?

질문을 이렇게 정리한 후, 저는 자연스럽게 제가 가장 잘 아는 신자를 살펴보았습니다. 저 자신 말입니다. 그리고 만약 신학이 시라면, 어쨌건 제가 볼 때 그리 좋은 시는 아니라고 생각하게 되었습니다.

신학을 시로 보자면, 제 눈에 비친 삼위일체 교리는 두 마리 토끼를 쫓다가 한 마리도 못 잡은 듯 어중간해 보입니다. 엄격한 일신론 개념의 웅장함도 없고 다신론의 풍성함도 없습니다. 하나님의 전능하심도 시가 주는 이점과는 거리가 멉니다. 자신의 피조물이 아닌 적들과 맞서 싸우다 결국 패하고 말 오딘Odin[2]에게는 그리스도인들의 하나님이 가질 수 없는 영웅적 매력이 있는데 말입니다. 그리스도인들의 우주관은 황량하기까지 합니다. 미래에 초인적인 상태와 위상을 가진 피조물들이 존재하게 될 거라는 주장이 있긴 하지만 그들의 본성에 대해 알려 주는 바는 거의 없습니다. 무엇보다 아쉬운 것은, 우주 전체의 이야기가 비극적인 요소로 가득하면서도 비극은 아니라는 점입니다. 기독교는 비관주의의 매력도 낙관주의의 매력도 내놓지 못합니다. 기독교가 제시하는 우주의 생명은 죽을 수밖에 없는 지구상의 인간들의 생명과 아주 비슷합니다. "선과 악이 동시에 뒤섞여 나타나는 이야기"입니다. 제게는 범신론의 지극히 단순한 위엄이나 이교적 물활론의 뒤얽힌 숲이 보여 주는 나름의 독특한 방식이 더 매력적으로 느껴집니다. 기독교에는 범신론의

---

2) 북유럽 신화의 최고신. 《에다》에서는 '만물의 아버지'라고 불리는 천지와 인간의 창조자이며, 모든 신이 그의 아들이다.

깔끔함도, 물활론의 유쾌한 다양성도 없습니다. 상상력이 좋아하는 두 가지 요소가 있습니다. 첫째로, 상상력은 그 대상을 온전히 받아들이고, 첫눈에 파악하고, 조화롭고 대칭적이며 설명이 필요 없는 존재로 보고 싶어 합니다. 이것이 고전적 상상력입니다. 파르테논 신전은 이에 해당하는 건물입니다. 반면, 상상력은 미궁에 빠지거나, 헤어날 수 없는 것에 굴복하기도 좋아합니다. 이것은 낭만적 상상력입니다. 《광란의 오를란도Orlando Furioso》는 이에 해당하는 작품입니다. 그러나 기독교 신학은 상상력의 두 요소 중 어느 하나도 제대로 채워 주지 않습니다.

기독교가 신화에 불과하다면, 저는 제일 안 좋아하는 신화를 믿고 있는 셈입니다. 저는 그보다는 그리스 신화가 좋고, 아일랜드 신화가 더 좋으며, 북유럽 신화가 제일 좋습니다.

이렇게 자신을 살펴보았으니, 제 경우가 얼마나 독특한지 알아보겠습니다. 분명히, 저만 이런 것은 아닌 듯합니다. 사람들이 자기가 믿는 초자연적인 소재를 다룬 그림들을 가장 좋아했는지는 분명하지 않습니다. 예를 들어, 12세기부터 17세기까지 유럽은 고전 신화를 통해 질리지도 않고 기쁨을 얻었던 듯합니다. 그림과 시의 수효와 수준만을 신앙의 잣대로 본다면, 우리는 그 시기가 이교적인 시대였다고 판단해야 할 것입니다. 하지만 우리가 잘 알고 있는 바, 사실은 그렇지 않습니다.

그리스도인들은 상상의 즐거움과 지적 동의를 혼동하고 있다는 비난을 받지만, 그런 혼동은 그렇게 흔하거나 쉽게 나타나지 않습니다. 아이들조차도 그런 혼동은 잘 겪지 않으니까요. 아이들은 스스로 곰이나 말인 체하며 상상력을 한껏 즐기지만, 아직까지 저는 자신이 곰이나 말이라는 환각에 빠진 아이는 본 적이 없습니다. 오히려 믿음에는 완벽한 상상력의 즐거움을 방해하는 요소가 있는 것 아닐까요? 감수성이 풍부하고 교양 있는 무신론자는 종종 신자들이 부러워할 만큼 기독교의 미적 장식들을 즐기며 거기서 기쁨을 얻습니다. 현대의 시인들은 그리스의 문학 작품에서는 전례를 찾을 수 없는 방식으로 그리스의 신들을 즐기고 있습니다. 고대 문학에 등장하는 신화적 장면들을 키츠의 《히페리온》과 비교할 수 있겠습니까? 어떤 의미에서 우리는 신화를 믿음으로써 그것이 상상력에 미치는 효용을 망쳐 버립니다. 영국에서 요정이 인기를 끄는 이유는 우리가 그 존재를 믿지 않기 때문입니다. 애런 섬이나 코니마라에서는 요정이 결코 재미있는 소재가 아닙니다.

하지만 지나친 주장을 하지 않도록 주의해야겠습니다. 저는 어떤 체계를 믿으면 그 체계가 상상력에 끼치는 매력적인 영향력을 '어떤 의미에서' 잃게 된다고 말했습니다. 그러나 모든 의미에서 그렇지는 않습니다. 제가 요정을 믿게 되면, 《한여름 밤의 꿈》을 읽을 때 누리는 특정한 즐거움을 잃어버릴 것이 거의 확실합니다. 그러나 나중에, 믿었던 요정들이 진짜 우주의 일원으로 자리를 잡고 제 생각의 다른 부분들과도 딱 들어맞게 된다면, 전혀 새로운 즐거움이 생겨날 것입니다. 어느 정도의 감수성이 있는 사람이라면, 진짜라고 믿는 대상을 생각할 때 일종의 미적 만족감을 느끼게 됩니다. 그 만족감은 정확히, 생각의 대상이 진짜라는 판단에서 나옵니다. 무엇인가 존재한다는 분명한 사실에는 위엄과 호소력이 깃들어 있습니다. 따라서 밸푸어Arthur James Balfour가《유신론과 휴머니즘》(너무 안 읽힌 책입니다)에서 지적한 바와 같이, 그저 만들어 낸 이야기라고 생각한다면 그다지 재미있다거나 감동적이라고 찬사를 보내지 않을 역사적 사실들이 많이 있습니다. 그러나 우리가 그 사실들이 진짜라고 믿으면, 지적인 만족감이 생길 뿐 아니라 그것들을 생각할 때 미적인 기쁨이 찾아옵니다. 트로이 전쟁 이야기와 나폴레옹 전쟁 이야기는 둘 다 우리에게 미적 영향을 끼치지만 그 영향은 다릅니다. 그 차이점은 두 가지가 다른 이야기라는 것 그 이상입니다. 나폴레옹 전쟁이 트로이 전쟁과 다른 종류의 즐거움을 주는 이유는 단 하나, 우리가 그것을 사실로 믿기 때문입니다. 우리가 믿는 개념과 믿지 않는 개념은 느낌이 다릅니다. 제 경험에 따르면, 우리가 믿는 대상의 그 독특한 묘미는 언제나 상상력에 특별한 종류의 기쁨을 줍니다. 그리스도인들이 일단 자신들의 세계상世界像이 옳다고 받아들이게 되면 그로부터 미적 기쁨을 얻는 것 같습니다. 저는 모든 사람이 각자가 받아들이는 세계상에서 기쁨을 얻는다고 믿습니다. 실재하는 것의 중대성과 궁극성은 그 자체가 미적 자극이기 때문입니다. 이런 의미에서, 기독교나 생명력Life-Force 숭배 사상, 마르크스주의나 프로이트주의는 그것을 받드는 신자들에게 '시'가 됩니다. 그러나 이러한 이유 때문에 그것들을 옹호자들이 선택했다는 말은 아닙니다. 이런 종류의 시는 믿음의 결과이지 원인은 아닙니다. 신학은 제가 그것을 믿기 때문에 제게 시가 됩니다. 그것이 시이기 때문에 신학을 믿는 것이 아닙니다.

그렇기 때문에, 신학은 시에 불과하다는 주장이 '그리스도인들이 신학을 믿는 이유는 그것이 모든 세계상 중에서 시적인 매력이 가장 크기 때문'임을 뜻한다면, 제게는 터무니없는 소리에 지나지 않습니다. 그런 주장에 대해 제가 모르는 증거가 있을지 모르지만, 제가 분명히 아는 모든 증거로 볼 때는 정당한 근거가 없습니다.

물론, 신학을 믿기 전에는 그것에 미적 가치가 전혀 없다고 주장하는 것이 아닙니다. 그러나 신학이 미적 가치 면에서 대부분의 경쟁 상대보다 우월하다고 보지는 않습니다. 신학에 맞선 당대 최고의 경쟁 상대가 지닌 미적 매력을 생각해 봅시다. 우리가 과학적 세계관Scientific Outlook[3]이라고 막연하게 부르는, 웰스H. G. Wells 씨 등의 세계상 말입니다. 이것이 신화라고 가정한다면, 이제껏 인간의 상상력이 만들어 낸 신화 중 가장 뛰어난 것이 아니겠습니까? 우선, 전례를 찾아볼 수 없는 지독하고도 가혹한 서막이 펼쳐집니다.

---

3) 저는 현업 과학자들이 이것을 모두 믿는다고 말하는 건 아닙니다. '과학적 세계관'보다는 '웰스주의Wellsianity'라는 유쾌한 이름이 훨씬 나았을 것입니다. *Principles of Literary Criticism*(1924), Chap. XI.*

무한한 허공이 있고 물질이 끊임없이 이리저리 움직이며 알 수 없는 무엇인가를 내놓습니다. 그러다 본격적으로 막이 오르면, 수백만 제곱 분의 일에도 못 미치는 확률로—얼마나 비극적인 아이러니입니까—시공간의 어느 한 지점의 조건들이 딱 맞아떨어지면서 작은 발효가 일어납니다. 생명의 시작입니다. 갓 태어난 드라마의 주인공에게는 모든 상황이 적대적입니다. 동화의 서두에 펼쳐지는 모든 상황이 막내아들이나 구박받는 의붓딸에게 적대적인 것과 똑같습니다. 그러나 생명은 어떻게든 그 상황을 이겨 냅니다. 무한한 고통을 딛고 도무지 넘을 수 없는 장애물을 넘어 생명은 퍼져 나가고 번식하고 점점 정교해져서 아메바에서 식물로, 다시 파충류로, 다시 포유류로 진화됩니다. 잠시 괴물들의 시대가 등장합니다. 용들이 지상을 누비며 서로를 잡아먹다 죽습니다. 그다음 막내아들과 미운 오리새끼의 테마가 다시 등장합니다. 엄청나게 적대적인 무생물들 한가운데서 약하고 작은 생명의 불씨가 시작된 것처럼, 자기보다 훨씬 크고 강한 짐승들 사이에서 벌거벗은 채 벌벌 떨며 잔뜩 위축된 생물이 생겨납니다. 아직 직립하지도 못하고 별 볼일 없어 보이는, 수백만 제곱 분의 일의 확률이 만들어 낸 결과입니다. 그러나 어찌어찌해서 그 생물은 번성합니다. 그는 몽둥이와 부싯돌을 사용하는 혈거인Cave Man이 됩니다. 적들의 뼈 위에서 투덜대고 불평하고 울부짖는 배우자의 머리채를 잡아끌고 가고(저는 도무지 그 이유를 알 수가 없었습니다), 질투에 사로잡혀 자녀들을 갈기갈기 찢어 죽이다 마침내 자녀 중 하나가 장성했을 때는 그에게 찢겨 죽고 마는 존재. 자기 모습을 따라 자기가 창조한 무시무시한 신들 앞에서 두려움에 떠는 존재입니다. 그러나 여기까지는 성장통에 불과합니다. 다음 막을 기다려 보십시오. 그는 진짜 인간이 되고 있습니다. 자연을 정복하는 법을 배웁니다. 과학이 도래하여 유년기의 미신들을 흩어 버립니다. 그는 점점 더 자기 운명을 통제하는 존재가 되어 갑니다. 서둘러 현재(우리가 사용하는 시간의 척도로 볼 때 현재는 없는 것이나 마찬가지인 기간이니)를 지나 미래로 그를 따라가 봅시다. 위대한 신비의 종막 終幕에 등장하는 그를 보십시오. 하지만 아직 마지막 장면은 아닙니다. 이제 반신半神 종족이 지구를 (어쩌면 다른 행성들도) 다스립니다. 우생학은 반신들만 태어나도록 돕고, 정신분석학은 그들 중 아무도 신성神性을 더럽히거나 잃지 않게 하고, 공산주의는 그 신성을 유지하는 데 필요한 모든 것을 만들어 냅니다. 인간은 보좌 위로 올라갑니다. 이제부터 그가 할 일은 미덕을 실천하고, 지혜를 갈고 닦고, 행복을 누리는 것뿐입니다. 그리고 이제, 신화의 마지막을 장식하는 천재적인 솜씨를 보십시오. 신화가 이 지점에서 끝난다면, 약간은 진부할 것입니다. 인간의 상상력이 이룩할 수 있는 최고의 장엄함에는 이르지 못했을 것입니다. 그러나 마지막 장면에서 모든 것이 뒤집힙니다. 신들의 황혼4)이 찾아오는 거지요. 그 모든 시간 동

---

4) 북유럽 신화에 나오는 신들과 인간 세계의 종말, 특히 신들의 멸망을 나타내는 말.

안 인간의 힘이 전혀 닿지 않는 곳에서 숙적 자연이 꾸준히 세상을 갉아먹고 있었던 것입니다. 태양은 차갑게 식고, 모든 별도 식어 버려 전 우주가 쇠약해집니다. 무한한 공간의 구석구석에서 생명(모든 형태의 생명체)이 되돌아올 가망 없이 추방됩니다. 모든 것이 무無로 끝나고 "우주적 암흑이 모든 것을 덮습니다." 이리하여 이 신화는 우리가 상상할 수 있는 가장 고상한 구조를 갖춥니다. 이것은 엘리자베스 여왕 시대의 많은 비극이 갖춘 구조이기도 합니다. 주인공의 인생이 서서히 상승 곡선을 이루며 4막에서 정점에 이르렀다가 갑자기 뚝 떨어지는 것이지요. 주인공은 자꾸만 자꾸만 위로 올라가 정점에서 밝게 타오른 후 어느 순간 파멸하고 맙니다.

이런 드라마는 우리에게 절절한 호소력을 발휘합니다. 주인공이 처음에 겪는 어려움(처음에는 생명체가, 다음에는 인간이 연기해 두 배의 기쁨을 주는 테마)은 우리의 자비심을 자극합니다. 그리고 이어지는 그의 성공은 상당한 낙관론의 여지를 줍니다. 비극적인 결말은 아직 멀리 있으니 생각할 필요가 없습니다. 수백만 년이 남아 있으니까요. 그리고 마침내 찾아오는 비극적 결말은 우리의 도전 정신을 자극하고 긴장을 늦추지 않게 만드는 아이러니와 위엄을 자랑합니다. 이 신화에는 지금까지 그 시적 가치를 제대로 인정받지 못한 커다란 아름다움이 있습니다. 저는 이 신화가 끊임없는 철학적 변화의 흐름에 떠밀려 가기 전에 어떤 위대한 천재가 구체적인 작품으로 완성해 주기를 바라고 있습니다. 물론 저는 그 내용의 신뢰도와는 상관없이 존재하는 아름다움에 대해 말하고 있습니다. 저 자신이 직접 경험한 내용이니만큼 분명히 말씀드릴 수 있습니다. 저는 이 신화가 과거에 대해 들려주는 얘기를 채 절반도 믿지 않고, 미래에 대해 들려주는 이야기는 조금도 믿지 않지만, 그 내용을 숙고할 때면 깊은 감동을 받으니까요. 제게 이 이야기와 비슷한 감동을 주는 다른 이야기는 《니벨룽겐의 반지》뿐입니다. 물론 이 둘은 같은 이야기를 다르게 표현한 것일 수도 있습니다. "내가 이 세계를 곧장 끝내 버리리라Enden jah ich die Welt."

그러므로 우리는 신학 안에 시적인 요소가 있다는 이유만으로 신학을 거부할 수는 없습니다. 모든 세계관은 그것이 믿어진다는 사실만으로 사람들 안에 시정詩情을 불러일으킵니다. 그것을 믿지 않는 사람에게조차 어느 정도의 시정을 불러일으키지요. 이것은 예상할 수 있는 현상입니다. 인간은 시적 동물이고, 흠모하지 않는 대상은 쳐다보지도 않는 법입니다.

그런데 신학이 시에 불과하다고 말하게 만드는 두 가지 사고방식이 있습니다. 이제 여기에 대해 생각해 보겠습니다. 첫째, 기독교 신학에는 초기, 또는 원시 종교에서 볼 수 있는 요소들이 많습니다. 이 요소들은 우리에게 시적으로 보일 수 있습니다. 여기서의 문제는 다소 복잡합니다. 지금 우리는 발데르Balder[5]의 죽음과 귀환을

---

5) 북유럽 신화에 나오는 광명의 신. '발드르'라고도 함.

시적인 개념, 신화로 여깁니다. 그렇기 때문에 그리스도의 죽음과 부활도 시적인 개념, 신화라고 유추하고 싶어집니다. 그러나 여기서 우리는 "발데르와 그리스도의 이야기가 둘 다 시적이다"라는 주어진 사실에서 출발해 "따라서 둘 다 사실이 아니다"라는 결론에 이른 것은 아닙니다. 우리가 발데르에게서 시적 풍취를 느끼는 이유는 부분적으로 우리가 이미 그를 믿지 않게 되었다는 사실 때문입니다. 그러니 시적 경험이 아니라 불신이 논증의 진정한 출발점이라고 할 수 있습니다. 그러나 이것은 분명히 미묘한, 어쩌면 상당히 미묘한 문제이므로 여기서는 다루지 않겠습니다.

이방 종교에 등장하는 비슷한 개념들은 기독교 신학의 진위眞僞를 밝히는 데 실제로 어떤 역할을 할까요? 2주 전 브라운 씨가 대답을 잘해 주셨다고 생각합니다. 브라운 씨는 논증의 편의상 기독교가 옳다고 가정할 경우, 기독교가 타종교와 겹치는 부분이 전혀 없으려면 모든 타종교에 옳은 부분이 전혀 없다고 생각해야 한다고 말했습니다. 여러분도 기억하시겠지만, 프라이스H. H. Price 교수님은 브라운 씨의 말에 동의하면서 이렇게 말했습니다. "그렇습니다. 그러니 이 유사성을 근거로 '기독교가 틀렸다'가 아니라 '이교에도 좋은 부분이 있다'라는 결론을 내려야 할 것입니다." 사실, 타종교와 기독교 사이의 유사성은 기독교 신학의 진리성에 유리하게도, 불리하게도 작용하지 않습니다. 기독교 신학이 틀렸다는 전제에서 출발해도, 그 유사성을 무리 없이 설명할 수 있습니다. 한 우주에 사는 동종의 생물인 인간들이 똑같은 엉터리 추측을 여러 번 한다 해도 이상할 것 없습니다. 그러나 기독교 신학이 참이라는 가정에서 출발해도, 그 유사성을 설명하는 데는 여전히 무리가 없습니다. 기독교 신학은 그리스도인들과 (그 이전에는) 유대인들에게 특별한 조명이 주어졌다고 말할 뿐 아니라, 모든 인간에게 얼마간의 신적 조명이 주어졌다고도 말하기 때문입니다. 우리는 하나님의 빛이 "모든 사람에게 비친다"는 말씀을 듣습니다. 그러므로 우리는 위대한 이교도 스승들과 신화 창조자들의 상상력을 빌어 우리가 믿는바 우주 전체 이야기의 줄거리에 해당하는 테마를 일부 엿보게 된다고 생각할 수 있습니다. 그것은 성육신과 죽음과 부활의 테마입니다. 그리고 이교적 그리스도(발데르, 오시리스Osiris[6] 등)와 그리스도의 차이점은 딱 우리가 예상할 만한 정도입니다. 이교의 이야기들은 모두 누군가가 죽었다가 다시 살아나는 내용인데, 그 일은 매년 벌어지거나 언제 어디서 벌어지는지 아무도 모르기도 합니다. 기독교의 이야기는 역사적 인물에 관한 이야기입니다. 그는 이름이 알려진 로마의 총독 치하에서 처형을 당했고, 그 시기를 상당히 정확하게 밝힐 수 있습니다. 그가 세운 종교가 오늘날까지 이어져 오고 있습니다. 이 것은 거짓과 참의 차이점이 아닙니다. 한쪽에는 실제 사건이 있고,

---

6) 이집트 최고의 신. 형의 지위를 노린 아우 세트(악의 신)에게 살해되어 몸이 갈기 갈기 찢겨졌으나 아내이자 동생인 이시스가 그 몸 조각을 모아 신비한 방법으로 부활시켜 저승에 가서 왕이 되었다.

다른 쪽에는 그 사건에 대한 희미한 꿈 내지 예고가 있습니다. 이것은 마치 흐릿하게 보이던 사물이 서서히 초점이 잡히는 모습을 지켜보는 것과 같습니다. 처음에 그것은 신화와 의식儀式의 구름으로 광범위하고 모호하게 하늘에 떠 있습니다. 그러다 그것이 점점 압축되고, 단단해지고, 어떤 의미에서는 작아져서 1세기 팔레스타인 지방의 역사적 사건으로 나타납니다. 이러한 점진적인 초점 맞추기는 기독교 전통 안에서도 계속 진행됩니다. 구약성경의 제일 앞부분에 나오는 많은 진리들은 제가 전설적, 또는 심지어 신화적이라 부르는 형식으로 표현되어 있습니다. 다시 말해 구름처럼 허공에 떠 있지만 그 진리는 서서히 압축되고, 점점 더 역사적이 됩니다. 노아의 방주나 해가 아얄론 골짜기에서 머무는 것 같은 사건들에서부터 다윗 왕의 궁정 회상록까지 내려옵니다. 그러다 마침내 신약성경에 이르면 역사가 지배적인 위치를 차지하고 진리가 몸을 입습니다. 여기서 '몸을 입는다'는 말은 단순한 비유가 아닙니다. "하나님이 사람이 되셨다"는 존재론적 사실이 "신화가 사실이 되었다"는 인간 지식의 관점에서 나온 진술과 유사하다는 것은 우연이 아닙니다. 모든 것의 본질적인 의미가 신화의 '하늘'에서 역사의 '땅'으로 내려왔습니다. 그렇게 그리스도께서 자기 영광을 비우고 인간이 되신 것처럼, 신화도 부분적으로 영광을 비웠습니다. 그것이 바로 기독교 신학이 탁월한 시로 경쟁 상대를 압도하기는커녕, 형식뿐 아니라 실제 내용에 있어서도 시적이지 못하다는 사실에 대한 제대로 된 설명입니다. 신약성경이 구약성경보다 시적이지 못한 것도 같은 이유 때문입니다. 여러분은 교회에서 말씀을 들을 때 먼저 놀라운 교리적 교훈을 배운 후 실제적인 적용으로 넘어가면 다소 작다고 할까, 심하게 말하면 평범한 내용이라고 느낀 적이 많지 않으십니까? 실제로도 그렇고, 그렇게 되어야 마땅합니다. 신화가 사실로, 하나님이 인간으로 낮아지는 것입니다. 언제 어디서나 있되 이미지도 없고 말로 표현할 수도 없어서 꿈과 상징과 의식으로 극화된 시에서만 잠깐 엿볼 수 있던 그 무엇이, 작고 견고하게 되어 갈릴리 호수에 떠 있는 배 위에서 잠잘 수 있는 한 사람이 되었습니다. 결국 이것이 더 깊은 시라고 말할 분도 계실 것입니다. 반박하지 않겠습니다. 낮아짐은 더 큰 영광으로 이어집니다. 그러나 여기서는 하나님이 낮아지시는 것과 신화가 축소와 압축을 거쳐 사실이 되는 것은 진짜라는 말만 덧붙이고 넘어가도록 하겠습니다.

저는 방금 상징을 언급했습니다. 이것은 "신학은 시에 불과하다"는 비난에 대해 살피며 고려해야 할 마지막 내용입니다. 신학은 비유적이거나 상징적 언어를 사용한다는 점에서 분명히 시와 공통점이 있습니다. 성부 하나님은 물리적 의미에서 성자 하나님의 아버지는 아니십니다. 성자 하나님은 낙하산병처럼 지상으로 '내려'오시지 않았고, 기구氣球가 떠오르듯 하늘로 다시 올라가시지 않았습니다. 그렇다면 기독교는 왜 이 모든 일들이 실제로 벌어진 것처럼 말합니까? 불가지론자不可知論者들은 기독교를 세운 사람들이 순진하고 무지해서 이 모든 말들을 문자적으로 믿었으며 후대 기독교인들은 소심하고 보수적이라서 같은 표현을 계속 사용하고 있다고 생각합니다. 프라이스 교수의 말을 빌자면, 우리는 알맹이만 남겨 두고 껍데기는 던져 버리라는 요구를 자주 받습니다.

이와 관련된 질문이 두 가지 있습니다.

첫째, 초기 그리스도인들은 무엇을 믿었을까요? 그들은 하나님이 정말 하늘에 물질적인 궁전을 갖고 계시며 그분의 보좌 약간 오른쪽에 놓인 화려한 의자로 아드님을 영접하셨다고 믿었을까요, 아니면 믿지 않았을까요? 대답은 간단합니다. 아마도 이 질문은 그들의 머릿속에 들어 있지도 않았을 것입니다. 하지만 우리는 질문이 생겨나는 순간, 그들이 어느 쪽을 택했는지 아주 잘 압니다. 저는 2세기 교회가 신인동형론神人同形論[7] 문제를 명확히 깨닫게 된 순간, 신인동형론을 정죄했다고 생각합니다. 교회는 질문의 의미를 알게 되자 곧바로 대답(하나님은 몸이 없으므로 의자에 앉으실 수 없다)을 알았습니다. 그러나 그 질문이 제기되기 전까지는 어느 쪽 대답도 믿지 않았습니다. 선조들의 마음에는 존재하지도 않았던 구분을 놓고 그들이 어느 쪽에 속했을지 가려내려는 시도는 참으로 피곤한 사상사적 오류입니다. 그것은 해답이 존재하지 않는 질문을 하는 것과 같습니다. 1세대 그리스도인들 대부분(전부가 아니었던 것은 분명합니다)은 믿음

---

7) Anthropomorphism. 인간의 속성, 행동, 감정 등이 하나님과 동일하다는 생각.

을 생각할 때 신인동형론적 이미지를 활용했고, 현대인들과 달리 그것이 이미지에 불과했음을 명백하게 의식하지 못했을 가능성이 높습니다. 그러나 이것은 그들의 신앙에서 천상의 공식 알현실에 대한 세부 내용이 핵심을 차지하고 있었다는 뜻은 결코 아닙니다. 이것은 그들이 소중히 여기고 목숨을 바칠 각오를 다졌던 대상이 아니었습니다. 그들 중 누구라도 알렉산드리아로 가서 철학 교육을 받았다면 그것이 이미지였음을 즉시 파악했을 것입니다. 그러나 자신의 믿음이 중요한 면에서 달라졌다고는 생각하지 않았을 것입니다. 제가 옥스퍼드 대학의 어느 칼리지를 보기 전에 그 칼리지에 대해 갖고 있던 심상心象은 물리적인 세부 사항 면에서 실체와 많이 달랐습니다. 그러나 그것으로 인해 그전까지 품었던 그 칼리지에 대한 저의 전반적 개념이 망상이 되는 것은 아닙니다. 칼리지에 대한 제 생각 속에는 상상의 그림들이 불가피하게 따라붙었지만, 그것들은 절대 제 주된 관심사가 아니었습니다. 그 그림들이 실제와 많이 달랐음에도 제 생각은 상당 부분 옳았습니다. 한 가지 대상에 대해 생각하는 내용과 그에 따라 상상하게 되는 내용은 별개입니다.

초기 그리스도인들은 껍데기를 알맹이로 오해한 사람이라기보다는 아직 껍데기를 까지 않은 호두를 지니고 다닌 사람과 비슷했습니다. 호두 껍데기가 깨지는 순간, 그는 어느 쪽을 버려야 할지 대번에 알았습니다. 그러나 그 전까지는 호두 전체를 다 갖고 있습니다. 바보라서가 아니라, 바보가 아니기 때문입니다.

둘째, 비유와 상징이 없는 형태로 우리의 신앙을 재진술하라는 요구를 어떻게 받아들여야 할까요? 우리가 그렇게 하지 않는 이유는 그 일이 가능하지 않기 때문입니다. "하나님이 지상에 내려오셨다"라고 말하는 대신 "하나님이 역사 속으로 들어오셨다"라고 말할 수는 있습니다. 하지만 '들어오셨다'는 말은 '내려오셨다' 못지않게 비유적입니다. 수직적인 움직임을 수평적 움직임 내지 불특정한 움직임으로 대체했을 뿐입니다. 언어를 더 명료하게 만들 수는 있습니다만 덜 비유적으로 만들 수는 없습니다. 그림들을 좀더 단조롭게 만들 수는 있지만 그림을 사용하지 않을 수는 없습니다. 이것은 비단 우리 그리스도인들만의 사정은 아닙니다. 저명한 반反기독교 저술가 리처즈I.A.Richards 박사가 쓴 문장을 여기 소개합니다. "정신적 사건의 여러 원인 중 외부에서 유입되는 (감각) 자극들이나 과거의 감각 자극들의 영향을 통해 결과를 일으키는 부분만 알 수 있다고 말할 수 있다. 이와 같은 제한制限에는 여러 가지 까다로운 문제가 따른다The reservation no doubt involves complications."[8]

리처즈 박사의 첫 번째 문장은 그 원인의 일부가 문을 통해 소포를 받듯 감각 자극을 통해 말 그대로 결과를 '일어나게 한다'는 뜻이 아닙니다. 두 번째 문장도 열차나 경기장의 예약석이나 보호 구역 등[9]이 접히거나 말리거나 꼬여서 여러 겹으로 층을 이룬다[10]는

---

8) *Principles of Literary Criticism*(1924), Chap. XI.*

뜻도 아닙니다. 다시 말해, 물리적 대상들 외의 다른 것들에 대한 언어는 모두 비유적일 수밖에 없습니다.

이런 이유들 때문에, 저는 (마음이 기만적이라는 것을 우리는 프로이트가 말하기 전에도 알았지만) 기독교 신학을 받아들이는 사람들이 반드시 이성보다 취향에 이끌린 것이라고 생각하지 않습니다. 그리스도인들을, 갈수록 높아지는 '과학'의 밀물 때문에 점점 더 좁아지는 해변에 몰려 있는 사람들로 묘사하는 그림은 제 경험과는 전혀 들어맞지 않습니다. 제가 바로 몇 분 전 여러분에게 소개한 그 거대한 신화는 제게는 전통적 믿음을 위협하는 참신한 주장이 아니었습니다. 제게는 그 우주론이 오히려 그것을 떠나게 하는 출발점이었습니다. 그 우주론에 대한 불신의 골이 깊어지다 마침내 그것을 완전히 내버리게 된 시점은 제가 기독교로 회심하기 이미 오래 전이었습니다. 저는 기독교 신학이 옳다고 믿기 오래 전부터, 유행하는 과학적 세계상이 어쨌거나 틀렸다는 판단을 내렸습니다. 그 세계상의 중심에 놓인 핵심적인 모순이 그 자체를 망쳐 놓고 있습니다. 이것은 우리가 2주 전에 다룬 내용입니다.[11] 과학적 세계상의 신봉자들은 자신들의 세계상이 관찰된 사실들로부터 추론해 낸 결과물이라고 주

---

9) reservation이라는 영어 단어가 뜻하는 물리적인 대상들이다.
10) complications가 나타내는 물리적인 뜻이다.
11) 1944년 10월 30일, 데이빗 에드워즈 박사가 "인격적 하나님에 대한 신앙이 현대의 과학적 지식과 양립하는가?"라는 에세이를 소크라테스 클럽에서 발표했을 때의 일이다.─편집자.

장하고 있습니다. 이 말은 추론이 정당하지 않다면, 그 세계상 전체가 설자리를 잃게 됨을 뜻합니다. 지구에서 가장 멀리 떨어진 성운星雲이나 가장 멀리 떨어진 지역에 실재하는 것들 역시 지구의 실험실에 있는 인간 과학자의 사고 법칙을 따른다고 확신할 수 없다면, 다시 말해 이성이 절대적인 것이 아니라면, 모든 것은 무너지고 맙니다. 그런데 이 과학적 세계상을 믿으라고 말하는 사람들은 이성이 맹목적인 물질의 끝없고 목적 없는 변화의 어느 한 단계에서 어느 누구의 의도와도 상관없이 뜻밖에 나타난 부산물일 뿐임을 함께 믿으라고 합니다. 이것은 명백한 모순입니다. 그들은 제게 한 가지 결론을 들이밀면서 동시에 그 결론의 근거가 될 수 있는 유일한 증언을 의심하게 합니다. 이 난점은 제가 보기에 치명적인 것입니다. 이 문제를 많은 과학자들에게 제기하면, 그들은 대답을 해 주기는 커녕 문제가 무엇인지도 이해하지 못하는 듯한 태도를 취합니다. 이런 사실 때문에 저는 처음부터 그들의 사고방식 전체를 오염시킨 근본적인 질병을 찾아냈다는 확신이 듭니다. 별것 아닌 문제가 아닙니다. 일단 이런 상황을 이해한 사람이라면 과학적 우주론을 원칙상 신화로 여길 수밖에 없습니다. 물론 그 안에 많은 진짜 요소들이 들어 있긴 하지만 말입니다.[12]

---

12) 이 우주론의 신화적 특성은 이것을 위대한 상상력으로 표현한 작품들이 먼저 나오고 증거는 나중에 등장했다는 사실로 확인할 수 있습니다. 키츠의 《니벨룽겐의 반지》와 《히페리온》은 다윈 이전의 작품들입니다.*

이상의 결정적인 문제점에 비하면, 다른 난점들은 별로 커 보이지 않습니다. 그러나 그 밖의 많은 난점들도 그 자체로 볼 때 심각합니다. 정통 다윈주의에 대한 베르그송의 비판은 대답하기가 쉽지 않습니다. 그보다 더욱 불편한 것은 왓슨D.M.S. Watson 교수의 변호 내용입니다. "동물학자들이 진화 자체를 받아들인 것은 그것이 실제로 관찰되었거나……논리적 정합성이 있는 증거로 입증되기 때문이 아니라, 유일한 대안인 특별 창조를 믿을 수 없기 때문이다."[13] 그런 사정이 있었습니까? 현대 자연주의naturalism[14]의 방대한 구조물 전체의 근거가 선험적인a priori 형이상학적 편견에 불과하단 말입니까? 사실들을 파악하기 위해서가 아니라 하나님을 몰아내기 위해 고안된 것입니까? 그러나 엄격한 생물학적 의미의 진화가 왓슨 교수가 말하는 것보다 더 나은 근거가 있다고 해도—당연히 그래야 하지 않겠습니까?—엄격한 의미에서의 생물학적 진화와 '보편적 진화설'이라 부를 만한 현대 사상은 구별해야 합니다. 제가 말하는 보편적 진화설이란 우주의 흐름이 불완전에서 완전으로, 작은 출발에서 위대한 결말로, 초보적인 것에서 정교한 것으로 옮겨 가는 과정이라고 공식화할 수 있다는 믿음을 뜻합니다. 이 믿음 때문에 사람들은 도덕이 원시적 금기에서 생겨났다고 자연스럽게 생

---

13) "Science and the B.B.C.," *Nineteenth Century*(April 1943)에서 인용.*
14) 자연 외에는 어떤 다른 것도 존재하지 않으며, 설령 존재한다 해도 그 침범으로
    부터 자연은 어떤 최후 방어선에 의해 보호받고 있다는 사상.

각하게 됩니다. 성인의 감정은 유아기의 성적 부적응에서 나왔고, 사고思考는 본능에서, 정신은 물질에서, 생물은 무생물에서, 질서는 무질서에서 나왔다고 생각하게 되는 겁니다. 이것이 현대인들의 가장 뿌리 깊은 정신 습관일 것입니다. 그러나 제가 보기에 이것은 정말 말도 안 되는 주장입니다. 우리가 자연에서 목격할 수 있는 모습과 너무나 다르기 때문입니다. 닭이 먼저인지 달걀이 먼저인지에 대한 오래된 수수께끼를 기억하실 것입니다. 현대인들이 보편적 진화설에 동의한 것은 닭이 달걀에서 나오는 모습에만 주의를 기울여서 생겨난 일종의 착시 현상입니다. 우리는 어린 시절부터 도토리에서 완벽한 참나무가 자라나는 모습에만 주목합니다. 도토리가 완전한 참나무에서 떨어졌다는 사실은 잊으라고 배웁니다. 장성한 인간이 배아였다는 사실은 끊임없이 듣지만, 그 배아가 두 장성한 인간에게서 나왔다는 말은 듣지 못합니다. 오늘날의 제트엔진이 '로켓'의 후손이라는 사실은 주목하지만, '로켓'이 그보다 초보적인 엔진에서 생겨난 것이 아니라 훨씬 더 완벽하고 복잡한 존재인 천재에게서 나왔음은 잘 기억하지 못합니다. 제 생각에 대부분의 사람들이 창발적인 진화 개념을 명백하고 자연스럽게 받아들이는 것은 순전히 환각 때문입니다.

이런저런 이유들에 근거할 때, 다른 것은 몰라도 지금 유행하는 과학적 우주론은 어쨌건 틀린 것이 분명합니다. 제가 그 배를 떠난 것은 시詩의 부름을 받아서가 아니라 그것이 계속 떠 있을 수 없다고 생각했기 때문입니다. 그보다는 차라리 철학적 관념론이나 유신론 같은 것들이 진실에 더 가깝다는 확신이 들었습니다. 그래서 관념론을 진지하게 살펴보았더니 위장된 유신론임이 드러났습니다. 방향을 바꾸어 일단 유신론을 받아들이니, 그리스도의 주장을 무시할 수 없었습니다. 그래서 저는 그리스도의 주장을 검토했고, 그분은 어중간한 자리에서 머물 수 없다는 결론을 내렸습니다. 그리스도는 미치광이거나 하나님이거나 둘 중 하나였습니다. 그런데 미치광이는 아니었습니다.

저는 셈을 하고 나면 '검산을 하라'고 학교에서 배웠습니다. 우주적 셈에 대한 기독교적 답변의 검산 내지 검증은 이렇습니다. 제가 기독교 신학을 받아들일 때, 그것과 과학에서 도출한 신화적 우주론을 조화시키려면 이런저런 부분에서 어려움이 있을 수 있습니다. 하지만 과학 전체를 받아들이고 수용하는 데는 문제가 없습니다. 물질에 앞서는 절대이성이 있고 그 절대이성의 빛이 유한한 지성들을 밝혀 준다고 하면, 저는 인간들이 어떻게 관찰과 추론에 의해 자신들이 사는 우주에 대해 많은 것을 알게 되는지 이해할 수 있습니다. 그러나 과학적 우주론을 통째로 받아들인다면 상황이 달라집니다. 그것은 기독교와 조화를 이룰 수도 없을뿐더러 과학과도 조화를 이룰 수 없습니다. 만약 정신이 뇌에 전적으로 의존하고, 뇌가 생화학에, 생화학이 (결국) 원자들의 무의미한 흐름에 완전히 의존한다면, 저는 그 정신이 하는 생각에 나무 사이로 부는 바람 소리 이상의 중요성을 부여해야 할 어떤 이유도 찾을 수 없습니다. 제게 이 차이점은 최종적인 시금석입니다. 이것으로 저는 꿈과 생시를 구별합니다. 깨어 있을 때 저는 어느 정도 제 꿈을 설명하고 연구할 수 있습니다. 지난밤 꿈에 저를 쫓아왔던 용은 제가 깨어 있는 세상과 조화를 이룰 수 있습니다. 저는 꿈이라는 게 있음을 압니다. 제가 소화 잘 안 되는 저녁 식사를 했다는 것도 압니다. 저처럼 책을 많이 읽는 사람은 용꿈을 꿀 수도 있다는 것도 압니다. 그러나 악몽을 꾸는 동안에는 깨어 있을 때의 경험이 들어갈 자리가 전혀 없습니다. 깨어 있는 세상이 현실이라고 판단하는 것은 그것이 꿈속 세상을 담아낼 수 있기 때문입니다. 꿈속 세상이 실제성이 떨어진다고 판단하는 이유는 깨어 있는 세상을 담아낼 수 없기 때문입니다. 같은 이유로 저는 과학적 관점에서 벗어나 신학적 관점으로 옮긴 것이 꿈에서 벗어나 깨어난 상태로 옮긴 것이라고 확신합니다. 기독교 신학은 과학, 예술, 도덕, 그리고 기독교보다 하위에 있는 종교들과 조화를 이룰 수 있습니다. 그러나 과학적 세계관은 이런 요소들은 물론이고 과학 자체와도 조화를 이루지 못합니다. 저는 태양이 떠오른 것을 믿듯 기독교를 믿습니다. 그것을 보기 때문만이 아니라 그것에 의해서 다른 모든 것을 보기 때문입니다.

내부패거리

The Inner Ring

톨스토이의 《전쟁과 평화》에서 몇 구절을 읽어 드리겠습니다.

보리스가 방에 들어섰을 때, 안드레이 공작은 노장군의 말을
듣고 있었다. 장군은 많은 훈장을 달고 있었고 불그레한 얼
굴에 군인 특유의 비굴한 표정으로 안드레이 공작에게 뭔가
를 보고하고 있었다. 공작이 장군에게 말했다. "좋아. 잠깐만
기다리시오!" 경멸감을 나타낼 때 공작이 사용하는, 프랑스어
억양이 섞인 러시아어였다. 그는 보리스를 보자 장군의 말을
더 이상 듣지 않았고, 애원하듯 쫓아다니며 보고하는 장군의
말을 무시한 채 보리스를 향해 밝은 미소를 지으며 고개를

끄덕여 인사했다. 보리스는 전부터 추측하고 있던 사실을 이제 분명히 알게 되었다. 육군 규정에 분명히 적혀 있는 규율과 복종의 체계와는 별도로, 더 실제적이고 전혀 성격이 다른 체계가 존재한다는 사실이었다. 그 체계에 따라, 불그레한 얼굴의 엄격한 장군은 안드레이 공작 같은 일개 대위가 보리스 같은 일개 소위와 잡담을 나누는 동안 공손하게 자기 차례를 기다려야 했다. 그 즉시 보리스는 공식적인 체계가 아니라 이 불문不文 체계를 따라가리라 결심했다.

　저 같은 중년의 도덕주의자에게 강연을 요청하셨으니, 여러분이 중년의 도덕적 훈계를 좋아하신다는 믿기 어려운 결론을 내릴 수밖에 없겠습니다. 여러분의 취향을 만족시켜 드리기 위해 최선을 다하겠습니다. 저는 여러분이 살게 될 세상에 대해 조언을 드리려고 합니다. 그러나 소위 시사적인 문제에 대해 말할 생각은 없습니다. 그런 문제에 대해서라면 여러분이 저 못지않게 잘 아실 것입니다. 전후戰後 재건 활동에 있어 여러분이 어떤 역할을 해야 하는지에 대해서는, 여러분이 거의 눈치 채지 못할 만큼 두루뭉술하게만 말씀 드리겠습니다. 솔직히, 여러분 중 누군가가 향후 10년 내에 유럽의 평화나 번영에 직접적인 기여를 할 가능성은 매우 낮습니다. 여러분은 일자리를 구하고 결혼하고 여러 가지 사실들을 습득하느라 바쁠 것입니다. 제가 이 자리에서 하려는 일은 여러분이 예상하는 것보다 더 구식입니다. 바로 조언과 경고를 할 생각입니다. 늘 우리 곁에 있기 때문에 아무도 '시사적인 문제'라고 부르지 않는 것들에 대한 조언과 경고가 될 것입니다.

물론 저 같은 중년의 도덕주의자가 젊은이들에게 무엇을 경고할 지는 누구나 알 것입니다. 세상, 육체, 그리고 마귀이지요. 하지만 오늘은 이 중 하나만 다룰 생각입니다. 마귀에 대해서는 언급하지 않겠습니다. 부담스럽게도, 사람들이 제 이름을 들으면 곧장 악마를 연상할 정도가 되었고, 어떤 경우에는 우리 둘을 동일시까지는 아니더라도 혼동하는 수준까지 이르렀습니다.[1] 저는 "악마를 상대할 때는 조심해야 한다"는 격언이 참으로 옳음을 깨닫고 있습니다. 육체에 대해서는 여러분 같은 젊은이들이 저만큼 알지 못한다면 비정상일 것입니다. 그러나 세상에 대해서라면 제가 할 말이 좀 있을 것 같습니다.

좀 전에 제가 톨스토이의 글에서 인용한 구절에 등장하는 젊은 보리스 두브레츠코이 소위는 군대 안에 두 가지 다른 체계 혹은 위계가 존재함을 발견합니다. 하나는 작고 붉은 어떤 책에 적혀 있고 누구나 쉽사리 펼쳐 볼 수 있습니다. 이것은 변하지 않고 계속 남아 있는 것이기도 합니다. 장군은 대령보다 높고, 대령은 언제나 대위보다 높습니다. 그러나 또 다른 체계는 어디에도 적혀 있지 않습니

---

1) 《스크루테이프의 편지》를 두고 하는 말.

다. 이것은 가입하고 난 이후에야 알 수 있는, 장교가 있고 규칙이 있는 공식적인 비밀결사 조직이 아닙니다. 공식적으로나 명시적으로 가입할 수 있는 체계도 아닙니다. 꼭 집어 말할 수 없는 방식으로 서서히, 우리는 그런 것이 존재한다는 사실과 자신은 그 바깥에 있다는 사실을 알게 됩니다. 나중에 자신이 그 안에 있음을 알게 될 수도 있습니다. 암호에 해당하는 것들이 있지만, 그것들 또한 임의적이고 비공식적입니다. 그 안에서는 특정한 속어를 쓰고, 특정한 별명을 부르고, 암시적으로 대화하지만 그것도 늘 똑같지는 않습니다. 특정한 순간에도 누가 안에 있고 누가 밖에 있는지 말하기가 쉽지 않습니다. 안에 있음이 분명한 사람들이 있고 밖에 있음이 분명한 사람들도 있지만, 언제나 경계선을 오가는 몇몇 또한 있습니다. 여러분이 6주 동안 자리를 비웠다가 같은 사단 본부나 여단 본부, 또는 같은 연대나 심지어 같은 중대로 복귀하면, 이 2차적 위계가 상당히 달라진 것을 알게 될 것입니다. 공식적인 가입이나 추방은 없습니다. 사람들은 쫓겨난 이후나 아직 들어가지 못한 때에도 자신이 그 안에 있다고 생각하기도 합니다. 정말 안에 있는 사람들은 그런 모습을 보고 대단히 즐거워합니다. 이것에는 고정된 이름이 없습니다. 유일하게 확실한 규칙은 내부자와 외부자가 이것을 각각 다른 이름으로 부른다는 사실입니다. 간단한 예를 들어 보자면, 내부에서는 그저 내부자들을 열거하는 방식으로 지칭할 수 있습니다. '너와 토니와 나'라고 부르는 식이지요. 이것의 입지가 아주 확고하고 구성원도 상당히 고정되어 있을 때는 '우리'라고 부릅니다. 위기 상황에 대처하기 위해 급히 덩치를 키워야 할 때는 스스로를 '이곳에서 분별력 있는 모든 사람'이라고 부릅니다. 그 안에 들어갈 희망을 포기한 외부인들은 이것을 '그 무리', '그놈들' 또는 '누구누구와 그 일당', '그 일파' 또는 '내부패거리'라고 부릅니다. 가입 예정 후보라면 아마도 이것에 아무 이름도 붙이지 않을 겁니다. 다른 외부자들과 얘기하는 중에 이것에 관한 말이 나오면 본인이 바깥에 있다는 느낌이 들 것입니다. 그리고 잘하면 여러분의 내부 진입을 도와줄지도 모르는 내부자와 이야기하면서 그것에 대해 언급하는 것은 미친 짓일 것입니다.

서툴렀을지 모르지만, 제가 설명하는 것이 무엇인지 알아차리셨기를 바랍니다. 물론 여러분 모두가 러시아 육군이든 어느 군대에든 입대한 적이 있을 거라는 말은 아닙니다. 그러나 여러분은 내부패거리라는 현상을 겪어 보셨습니다. 첫 학기가 끝나기 전에 학교 기숙사에서부터 발견했을 겁니다. 그리고 2학년 말이 되어 그 내부로 들어갔을 때, 그 패거리 안에 더 깊은 내부패거리가 있음을 발견했을 것입니다. 물론 그것 또한 기숙사 패거리들을 위성 세력으로 둔 더 큰 학교 패거리의 일부에 불과할 수도 있습니다. 심지어 학교 패거리가 어떤 두목들의 패거리와 닿아 있을 수도 있습니다. 말하자면 양파의 껍질을 벗기는 것과 같지요. 여기, 여러분의 대학에도, 제 눈에는 보이지 않지만 바로 이 순간 이 강의실에도 몇 개의 패거리, 독립적인 체계, 동심원을 이룬 패거리들이 있을 거라 생각한다면 제가 틀린 것일까요? 여러분이 어떤 병원이나 학생 기숙사나, 교구, 학교, 기업체나 칼리지에 가더라도 그곳에서 분명 패거리들을 보게 될 것입니다. 톨스토이의 표현을 빌자면, 제2의 체계, 또는 불문 체계 말입니다.

이 모든 말은 누구나 알 수 있는 사실입니다. 제가 이어서 하려는 말에 대해서도 그렇다고 말씀하실지 모르겠습니다. 저는 사람의 삶에서 가장 두드러지는 요소 중 하나가 주위의 패거리에 들고 싶은 욕구와 바깥에 남겨지는 상황에 대한 두려움이라고 믿습니다. 이것은 모든 사람이 적어도 특정한 시기에는 겪게 되며, 대부분 어릴 때부터 아주 나이가 많이 들 때까지 벗어나지 못하는 욕구와 두려움입니다. 이 욕구는 여러 가지 형태로 나타나는데 그 중 하나가 속물근성입니다. 이 속물근성은 많은 문학 작품을 통해 제대로 그려졌습니다. 빅토리아 시기의 소설에는 '사교계'라 불리는 특정 패거리에 들고 싶어 하는 등장인물들이 수두룩합니다. 여기서의 '사교계'는 백 가지도 넘는 패거리들 중 하나에 불과하므로 속물근성이 패거리에 끼고 싶어 하는 갈망의 한 가지 형태에 불과하다는 것을 분명히 이해해야 합니다. 자신에게 이런 유의 속물근성이 없다고 느끼거나 정말 없는 사람들, 속물근성에 대한 풍자를 읽으며 잔잔한 우월감을 느끼는 사람들은 또 다른 형태의 욕구에 사로잡힐 수 있습니다. 그리고 그것은 상류 생활의 유혹에서 그들을 지켜 주는 전혀 다른 패거리를 향한 아주 강력한 욕구일 수 있습니다. 예술가나 공산주의자 모임에서 제외되었다는 생각으로 괴로워하는 사람에게는 공작 부인의 초청이 별다른 위로가 되지 않을 것입니다. 이 가엾은 사람이 원하는 것은 크고 환한 사교장이나 샴페인, 동료들과 각료에 대한 추문이 아닙니다. 단지 은밀하고 작은 다락방이나 작업장에서 함께 머리를 맞대고 담배 연기를 맡으며 우리—난로 옆에 모여 있는 우리 너덧 명—만 진실을 알고 있음을 달콤하게 인식하는 일입니다. 그 욕구는 너무나 교묘하게 숨겨져 있기 때문에 그 짜릿한 성취감을 미처 깨닫지 못할 수도 있습니다. 남자들은 중요한 추가 업무 때문에 사무실이나 학교에 늦게까지 남아 있어야 하는 일이 고역이라고 아내와 스스로에게 말합니다. 그리고 구체적인 상황을 아는 사람은 자신과 누구누구와 다른 두 명밖에 없기 때문에 할 수 없이 떠맡게 된 일이라고 말합니다. 하지만 그것은 정확한 말이 아닙니다. 물론 늙다리 패티 스미슨 씨에게 이끌려 가서 "이봐, 자네가 이번 심사에 어떻게든 꼭 참여해야겠네"라든가, "찰스와 나는 자네가 이 위원회에 들어와야 할 사람이란 걸 대번에 알아봤지"라는 나지막한 속삭임을 듣는 것은 끔찍하게 지루한 일입니다. 정말 끔찍하게 지루합니다. 아, 그러나 당신이 제외된다면 얼마나 더 끔찍하겠습니까! 토요일 오후를 일에 빼앗기는 것은 피곤하고 몸에도 안 좋은 일이지만, 중요한 사람이 아니라서 그 시간을 자유롭게 쓰는 것은 그보다 더욱 안 좋은 일입니다.

프로이트는 틀림없이 이런 욕구와 두려움 모두가 성적 충동의 속임수라고 말할 것입니다. 저는 성적 충동이라는 신발이 가끔은 엉뚱한 발에 신겨지는 게 아닌지 의심스럽습니다. 난교의 시대에 많은 사람들이 동정을 잃은 것은 비너스[2]에게 넘어가서가 아니라 패거리의 유혹 때문이 아닐까요? 난교가 유행일 때는 순결을 지키는 사람들이 외부자이기 때문입니다. 그들은 다른 사람들이 아는 무엇인가를 알지 못하는, 입문하지 못한 이들인 것입니다. 좀더 가벼운 문제를 예로 들자면, 이 같은 이유에서 처음 담배에 손을 대거나 술을 마시게 된 사람들이 아주 많을 것입니다.

여기서 구분을 해야 할 것이 한 가지 있습니다. 저는 내부패거리의 존재가 악이라고 말하지 않겠습니다. 내부패거리는 불가피합니다. 살다 보면 비밀스러운 토론도 있어야 합니다. 함께 일하는 사람들 사이에서 개인적인 우정이 생겨나는 것은 나쁜 일이 아니며 (그 자체로는) 좋은 일입니다. 어떤 조직의 공식적인 위계가 조직의 실제 움직임과 정확히 일치하기란 불가능할지도 모릅니다. 가장 현명하고 정력적인 사람들이 언제나 최고의 지위를 맡는다면 이 둘이 일치할 지도 모르지요. 그러나 그렇지 못한 경우가 많으니, 고위직에 있으면서도 조직에 짐만 되는 사람들이 있고 낮은 지위에 있지만 그 직위와 서열에 비해 훨씬 중요한 역할을 하는 사람들도 있습니

---

2) 사랑의 여신.

다. 이런 상황에서는 제2의 불문 체계가 자라나게 마련입니다. 이 것은 필요악이 아니라 말 그대로 '필요'입니다. 그러나 우리를 내부 패거리로 이끄는 욕구는 다른 문제입니다. 그 자체로는 도덕적으로 중립적인 일이지만, 그것을 바라는 마음은 위험할 수 있습니다. 바이런George Gordon Byron[3]의 말을 들어 보십시오.

> 유산은 달콤하네. 더욱 달콤한 것은
> 어떤 노파의 뜻밖의 죽음.

경건한 친척이 나이 들어 고통 없이 죽는 것은 악이 아닙니다. 그러나 상속자들이 노인의 죽음을 진심으로 바라는 것은 적절한 감정이라 볼 수 없고, 법은 그녀의 사망을 앞당기려는 일말의 시도도 묵인하지 않습니다. 아름다운 현상이라고까지 할 수는 없지만 내부패거리는 불가피하고 딱히 뭐라고 나무랄 수 없는 삶의 한 부분입니다. 그러나 거기 들어가고 싶은 우리의 갈망, 제외되었을 때 느끼는 괴로움, 안에 들어갈 때 느끼는 기쁨은 어떻습니까?

저는 여러분 중 누군가가 벌써 어느 정도 타협을 했을 거라고 생각할 근거가 없습니다. 더 중요해 보이는 사람, 선택된 소수로 보이는 사람들의 우정을 얻기 위해 여러분이 진정으로 사랑하고 평생

---

3) 1788-1824. 영국의 낭만파 시인.

동안 우정을 나눌 수 있을 친구들을 무시하다가 결국 따돌린 적이 있을 거라고 단정할 수도 없습니다. 여러분이 패거리 안으로 들어간 후에 외부자들의 외로움과 굴욕을 보고 기쁨을 느낀 적이 있는지, 단지 외부자들의 부러움을 사기 위해 그들이 보는 앞에서 패거리 동료들과 얘기를 나눈 적이 있는지, 패거리에 들어가기 전에 내부패거리의 마음에 들기 위해 사용한 수단들이 언제나 전적으로 떳떳했는지 묻지 않겠습니다. 그러나 한 가지는 묻고 싶습니다. 물론 수사적인 질문이니 대답할 필요는 없습니다. 지난 삶을 돌이켜 볼 때, 여러분은 보이지 않는 선線의 안쪽에 서고 싶은 마음 때문에 어떤 행동이나 말을 한 적이 있습니까? 그리고 한밤중에 잠시 깨었을 때 그 사건을 되돌아보고 흐뭇함을 느낀 적이 있습니까? 만약 그렇다면, 여러분은 대부분의 사람들보다 운이 좋은 편입니다.

저는 조언을 하겠다고 말씀드렸습니다. 조언은 과거가 아니라 미래를 다루어야 합니다. 제가 과거를 들먹인 이유는 제가 생각하는 삶의 진정한 본질을 여러분에게 알려 드리기 위해서입니다. 저는 경제적 동기나 성적 동기가 우리 도덕주의자들이 '세상'이라 부르는 곳에서 벌어지는 모든 일을 설명할 수 있다고 믿지 않습니다. 거기에 야망을 보탠다 해도 여전히 부족합니다. 선택된 소수에 들고 싶은 욕심, 내부에 들고 싶은 갈망은 야망으로 단정 짓기 어려운 많은 형태를 띱니다. 물론 우리는 모든 내부패거리로부터 구체적인 이익을 바랍니다. 권력, 돈, 규칙을 어기는 자유, 일상적 의무의 회피,

징벌의 모면. 하지만 이 모든 것에 더해 은밀하고 달콤한 친밀감을 얻지 못한다면 우리는 만족하지 못할 것입니다. 우리 패거리의 일원이라 친한 퍼시라는 친구가 선도부라서 공식 징계를 두려워할 필요가 없다는 것은 분명 매우 편한 일입니다. 그러나 우리가 단지 이런 편의 때문에 친밀함을 소중히 여기는 것은 아닙니다. 편의가 친밀함의 증거이기 때문에 중요하게 생각하는 것이지요.

이 강연의 주된 목적은 이 욕구가 인간 행동의 크고 지속적인 주요 동기 중 하나임을 여러분에게 알리는 것입니다. 이것은 갈등, 경쟁, 혼란, 뇌물 수수, 실망, 광고가 뒤범벅이 된, 이 세상을 구성하는 요소 중 하나입니다. 그리고 이것이 지속적으로 나타나는 행동의 주요 동기 중 하나라면 다음의 사실을 확신해도 좋습니다. 여러분이 이 욕구를 방지하기 위해 조치를 취하지 않으면, 이것은 여러분이 직업인으로 첫발을 내딛는 날부터 나이 많이 들어 아무것도 개의치 않게 되는 날까지 삶의 주된 동기로 작용할 것입니다. 그것도 너무나 자연스럽게 말입니다. 이런 삶은 여러분에게 저절로 찾아올 것입니다. 여러분이 만약 이와 다른 삶을 산다면, 그것은 의식적이고 지속적인 노력의 결과일 것입니다. 여러분이 이 욕구에 대항해 아무것도 하지 않고 그냥 흘러가는 대로 떠내려가면, 여러분은 '내부패거리주의자'가 될 것입니다. 이 말은 여러분이 성공적인 내부패거리주의자가 될 거라는 뜻이 아닙니다. 그럴 수도 있고 아닐 수도 있습니다. 그러나 결코 들어갈 수 없는 패거리들 바깥에서

한탄하며 기웃거리든, 의기양양하게 그들 속으로 점점 깊숙이 들어가든, 여러분은 내부패거리에 목매는 사람이 될 것입니다.

지금까지 저는 그런 부류의 사람이 되지 않는 편이 좋다고 상당히 분명하게 말했습니다. 이 문제에 대해 여러분의 마음이 아직 정해지지 않았을지도 모르므로 제가 내부패거리주의자를 안 좋게 생각하는 두 가지 이유를 제시하겠습니다.

아직은 여러분 중 누구도 악당이 아니라고 생각하는 것이 예의에도 맞고 인정상 합당하며, 여러분의 나이를 생각할 때 합리적인 일일 것입니다. 그러나 평균적인 비율로 따져 볼 때 (저는 지금 자유의지를 부정하는 것이 아닙니다) 여러분 중 최소한 두세 명은 죽기 전에 악당 비슷한 존재가 되어 버릴 것이 거의 확실합니다. 이 강의실에도 최소한 그 정도 수가 파렴치하고, 배신에 능하고, 무자비한 이기주의자로 되어 가고 있습니다. 선택은 여러분 앞에 놓여 있습니다. 제가 장래에 여러분에게 나타날 수 있는 특성에 대해 심한 말을 한다고 해서 현재 여러분의 성품을 무시한다고 생각하진 마시기 바랍니다. 저는 여러분 앞에서 이런 예언을 할 수 있습니다. 여러분 가운데 십중팔구는 여러분이 악당이 되도록 이끄는 선택의 순간을 맞게 될 것입니다. 그 순간은 극적인 총천연색으로 등장하지 않을 것입니다. 나쁜 사람처럼 보이는 이들이 눈에 보이는 방식으로 위협하거나 뇌물을 주는 상황은 아닐 것입니다. 그보다는 음료수나 커피 한 잔을 들면서, 농담 중간에 슬쩍 끼워져서 아무것도 아닌 얘기처럼 찾아올 것입니다. 여러분이 최근에 더 잘 알게 되었거나 더 잘 알고 싶은 남자나 여자의 입을 통해, 여러분이 미숙하거나 순진하거나 건방지게 보이지 않으려고 너무나 안달하는 그 순간에 암시가 주어질 것입니다. 엄격하게 말해 페어플레이 규칙에 들어맞지 않는 일을 제안하는 암시일 것입니다. 보통 사람들, 무지하고 세상 물정 모르는 일반 대중은 절대 이해하지 못할 일 말입니다. 여러분과 같은 직업을 가진 사람들 중에서 외부자들은 소란을 피우며 그 일을 비난하는 경향이 있지만, 여러분의 새 친구는 그것이 '우리가 언제나 하는', '우리'의—'우리'라는 말에 여러분은 기분이 좋으면서도 얼굴을 붉히지 않으려 노력합니다— 일이라고 말합니다. 그들이 끌어들일 때 여러분이 따라 들어간다면, 그것은 이득이나 편안함을 원해서가 아니라 잔이 입술에 너무나 가까웠던 바로 그 순간, 다시 차가운 바깥 세계로 튕겨 나가는 것을 참을 수 없기 때문입니다. 상대방의 얼굴, 그 다정하고 은밀하고 흐뭇하도록 세련된 얼굴이 갑자기 차가운 경멸의 표정으로 바뀌는 것을 보는 일, 내부패거리 가입 테스트를 받았다가 거절당했음을 아는 일은 참으로 끔찍할 것입니다. 만약 여러분이 끌려 들어간다면, 다음 주에는 규칙에서 조금 더 멀리 떨어진 일이, 다음 해에는 더 멀리 떨어진 일이, 더없이 유쾌하고 다정한 분위기에서 벌어질 것입니다. 이 일은 파산, 추문, 징역살이로 비참하게 끝날 수도 있고, 수백만 달러의 수입, 귀족 작위, 모교에 장학금을 기증하는 근사한 모습으로 마무리될 수도 있습니다. 하지만 어느 쪽이건 여러분은 악당이 되어 있을 것입니다.

이상이 제가 내부패거리주의를 나쁘게 보는 첫 번째 이유입니다.
내부패거리에 들고 싶은 열정은 아직 그다지 나쁘지 않은 사람을 그
어떤 열정보다 능숙하게 조종해 아주 나쁜 일들을 하게 만듭니다.

이제 두 번째 이유를 말씀드리지요. 그리스 신화에 나오는 다나
이데스[4]는 저승에서 체를 물로 채워야 하는 형벌을 받았습니다. 이
형벌은 한 가지 악덕이 아니라 모든 악덕의 상징입니다. 가질 수 없
는 것을 추구하는 왜곡된 욕망에 빠져 있다는 표시입니다. 보이지
않는 선 안쪽에 들고 싶은 욕망이 이 원리를 잘 보여 줍니다. 여러
분이 이 욕망의 지배를 받는 동안에는 원하는 것을 결코 얻지 못할
것입니다. 그것은 마치 양파의 껍질을 벗기는 일과 같기 때문입니
다. 성공한다 해도, 아무것도 남지 않을 것입니다. 외부자가 되는
것에 대한 두려움을 극복하기 전까지는, 여러분은 언제까지나 외부
자일 수밖에 없을 것입니다.

생각해 보면 이것은 매우 분명합니다. 여러분이 바람직한 이유로
특정 집단을 드나들고 싶어 한다면, 예를 들어 음악을 정말 좋아하
기 때문에 음악 동호회에 가입하고 싶어 한다면, 만족을 얻을 가능

---

4) 아르고스의 왕 다나오스의 50명의 딸. 단수는 다나이스. 다나오스는 이집트의 왕
아이기프토스의 50명의 아들에게 딸들을 시집보내기로 하지만 결혼식을 치른 첫날
밤에 딸들에게 단검을 주어 남편들의 목을 베도록 명령했다. 맏딸 히페름네스트라
를 제외한 49명의 다나이데스는 아버지의 명령을 따라 남편을 죽였고 저승에서 구
멍 뚫린 항아리(실제로는 체와 마찬가지인)에 영원히 물을 채워야 하는 형벌을 받았다.

성이 있습니다. 여러분은 4중주단에 끼어 연주도 하고 그 일을 즐길 수도 있을 것입니다. 그러나 여러분이 내부 사정을 아는 것만을 원한다면, 즐거움은 오래 가지 못할 것입니다. 내부에서 보는 그 집단은 외부에서 보던 때의 매력이 없습니다. 여러분을 들여보냈기 때문에 마력을 잃고 만 것입니다. 처음의 신기함이 사라져 버리고 나면, 그 집단의 구성원들도 여러분의 옛 친구들보다 더 흥미롭지 않습니다. 그럴 이유가 어디 있겠습니까? 여러분이 찾는 것은 미덕이나 친절, 충절, 유머, 배움, 위트 같은, 실제로 즐길 수 있는 대상이 아니었습니다. 여러분은 그냥 '안에' 들고 싶었을 뿐입니다. 그리고 그것은 지속될 수 없는 즐거움입니다. 새로운 동료들이 익숙해지고 시시해지면 여러분은 곧바로 다른 패거리를 찾게 될 것입니다. 무지개의 끝은 여전히 저 앞에 있게 되는 거지요. 이전의 패거리는 새로운 패거리에 들어가려는 여러분의 시도에 일조하는 시시한 경력에 불과하게 될 것입니다.

그리고 새로운 패거리에 들어가는 일은 언제나 어려울 것입니다. 그 이유는 여러분이 잘 알고 있습니다. 여러분이 일단 안에 들어가면, 다음 사람이 들어오기 어렵게 만들고 싶어질 것입니다. 여러분보다 먼저 들어왔던 사람들이 여러분이 들어오는 것을 어렵게 만들고자 했던 것과 같습니다. 당연한 일입니다. 좋은 목적을 위해 모이는 온전한 모임의 경우, 다른 사람들을 제외시키는 일은 어떤 의미에서 우연적입니다. 좋은 일을 위해 모인 사람들이 다른 사람들을 제외시키는 이유는 기존의 숫자 정도면 충분하거나 그 일을 할 줄 아는 사람들이 한정되어 있기 때문입니다. 소규모 음악 동호회가 멤버의 숫자를 제한하는 것은 모임 공간이 그 정도 인원만 허락하기 때문입니다. 그러나 내부패거리는 다른 사람들을 제외시키기 위해 존재합니다. 외부자가 없다면 아무 재미도 없을 것입니다. 보이지 않는 선을 그어 놔도 대부분의 사람들이 바깥에 있지 않다면 의미가 없을 것입니다. 이들에게 제외는 우연이 아니라 본질입니다.

이런 내부패거리를 추구하다간 여러분의 마음이 부서지고 말 것입니다. 그러기 전에 여러분이 먼저 그것을 부수어야 합니다. 하지만 그것을 부수면 놀라운 결과가 따라옵니다. 여러분이 업무 시간 동안 일을 목적으로 하여 열심히 일하면 얼마 안 가 자신도 모르는 사이에 여러분이 정말 중요하고 유일한 집단 내부에 들어 있음을 발견하게 될 것입니다. 여러분은 훌륭한 기술자 중 한 사람이 될 것이며, 다른 훌륭한 기술자들이 그 사실을 알 것입니다. 그 기술자 집단은 내부패거리나 소위 중요 인물들, 내부 사정에 밝은 사람들과는 전혀 다를 것입니다. 그들은 자신들만의 이익을 위해 전문적인 정책을 개발하거나 영향력을 행사해 일반 대중과 싸우지 않을 것입니다. 내부패거리가 주기적으로 만들어 내는 추문과 위기 상황도 없을 것입니다. 그 집단은 그 직업의 존재 목적에 부합하는 일들을 할 것이고 결국 그 직업에 따르는 존경은 모두 그들의 공로일 것입니다. 연설과 광고로는 그런 존경을 얻을 수도, 유지할 수도 없습니다. 여러분이 남는 시간에 좋아하는 사람들과 그냥 어울린다면, 그때도 여러분은 자신이 진짜 내부에 들어와 있음을 발견하게 될 것입니다. 여러분은 한 무리의 중심에서 아늑함과 편안함을 누리고 있을 것입니다. 그 모습을 외부에서 보면 여느 내부패거리와 다를 바 없어 보일 것입니다. 그러나 둘은 차이가 있습니다. 자연스러운 모임의 비밀스러움은 우연적인 것이며, 배타성은 부산물입니다. 모임의 누구도 선택된 소수가 되고 싶은 유혹에 이끌려 들어오지 않았습니다. 그저 서로 좋아하는 대여섯 명의 사람들이 모여서 좋아하는 일을 하는 것뿐입니다. 그것은 우정입니다. 아리스토텔레스는 그것을 미덕의 한 종류로 보았습니다. 아마 세상의 모든 행복 중 절반은 여기에서 나올 것입니다. 내부패거리는 절대로 이 우정을 나눌 수 없습니다.

성경에는 구하는 자가 얻게 된다는 말씀이 있습니다. 지금은 시간상 설명할 수 없지만 이 말은 여러 가지 의미에서 사실입니다. 하지만 "달라는 아이들은 갖지 못한다"는 초등학생들의 원칙에도 많은 진리가 담겨 있습니다. 성인으로 가는 길목에 있는 젊은이의 눈에는 세상이 '내부'들로 가득하고, 가깝고 비밀을 나누는 즐거운 관계들로 가득해 보이기 때문에 그 안으로 들어가고 싶어 합니다. 그러나 그 욕망을 추구하면 정말 도달할 가치가 있는 '내부'에는 결코 이르지 못할 것입니다. 참된 길은 전혀 다른 방향에 있습니다. 그것은 《거울 나라의 앨리스》에 나오는 집과도 같습니다.

멤버십

Membership

종교를 "사람이 혼자 있을 때 하는 일"로 정의하는 경구는 그리스도인은 물론 역사가들도 결코 받아들이지 못합니다. 누군지 정확히 기억나진 않지만, 찰스나 존 웨슬리 중 한 사람이 신약성경은 고독한 종교를 알지 못한다고 말했습니다. 우리는 함께 모이는 일을 소홀히 하지 말라는 명령을 받았습니다.[1] 기독교는 최초의 문서에서 이미 조직을 이룬 모습을 보여 줍니다. 교회는 그리스도의 신부입니다. 우리는 한 몸을 이루는 멤버입니다.

종교가 사생활에 속하는 영역, 즉 개인이 한가한 시간에 하는 일

1) 히브리서 10장 25절 참조.

이라는 개념은 우리 시대에 역설적이고 위험하지만 자연스러운 것이기도 합니다. 이 개념이 역설적인 이유는 지금은 모든 분야에서 집단주의가 개인을 가차 없이 몰아내고 있는 시대이기 때문입니다. 개인을 높이는 현상이 나타나는 곳은 종교 분야뿐입니다. 대학도 예외는 아닙니다. 제가 처음 옥스퍼드에 갔을 때만 해도, 전형적인 학부생 클럽은 서로를 잘 아는 십여 명의 남자들로 이루어져 있었고, 작은 공간에 모여 멤버 중 한 사람이 발표하는 논문을 듣고 새벽 한두 시까지 문제 해결을 위해 의견을 나누었습니다. 그런데 이번 전쟁이 시작될 무렵에는, 전형적인 학부생 클럽은 100-200명의 학생들로 구성된 청중이 강당에 모여 외부 유명 강사의 강연을 듣는 모임이 되었습니다. 요즘의 학부생은 그런 클럽에 참석하지 않는 경우에도 이전 세대 학생들의 정신 형성에 중요한 역할을 했던 산책—혼자만의 산책이건 다른 한 명과 함께 나가는 것이건—은 거의 즐기지 않습니다. 그들은 군중 속에서 삽니다. 모임이 우정을 대체했습니다. 대학 안팎에 존재하는 이런 경향은 좋은 평을 듣습니다. 지금은 혼자 있는 사람의 고독을 기필코 깨려 드는 참견쟁이들과 자칭 오락 담당자들이 많습니다. 그들은 그 행태를 일컬어 "젊은이들을 자기 바깥으로 끌어낸다", "그들을 일깨운다", "그들의 무관심을 이겨 낸다"고 말합니다. 만약 어거스틴 같은 사상가나 본Henry Vaughan,[2]

---

2) 1622-1695. 영국의 시인, 신비가.

트러헌Thomas Traherne,[3] 워즈워스 같은 시인이 현대에 태어난다면, 청년 조직의 지도자들이 이내 그들의 내성적인 면모를 치료해 버릴 것입니다. 《오디세이아》의 알키노스[4]와 아레테[5] 부부나 《전쟁과 평화》의 로스토프 부부, 샬로트 영Charlotte M. Yonge[6]의 소설들에 등장하는 가정들처럼 정말 훌륭한 가정이 오늘날 존재한다면, 부르주아라 비난하며 그것을 파괴하기 위해 온갖 무기가 총동원될 것입니다. 그런 시도들이 모두 실패하고 누군가 물리적으로 혼자 남은 경우에도, 라디오가 있기 때문에 진짜 혼자 있다고 하기는 어렵습니다. 이것은 혼자 있을 때도 고독한 적이 없었다는 스키피오Publius Cornelius Scipio[7]의 말과는 전혀 상관이 없습니다. 우리가 사는 세상은 고독, 침묵, 사생활에 굶주렸고, 명상과 참된 우정에 굶주렸습니다.

이런 시대에 종교가 혼자 있을 때 하는 일로 분류되다니 참으로 역설적인 일입니다. 그리고 이 개념은 두 가지 이유에서 위험하기

---

3) 1637-1674. 영국의 시인.
4) 트로이 부근의 스케리아 섬에서 파이아케스인을 다스리던 왕. 현명하고 공정한 군주로서 백성들의 사랑을 받았고 표류해 온 오디세우스를 환대하고 그의 귀향을 도왔다.
5) 알키노스의 아내.
6) 1823-1901. 영국의 소설가.
7) 기원전 236-184. 고대 로마의 장군·정치가. 제2차 포에니 전쟁 때 아프리카의 자마에서 한니발을 무찌르고 전쟁을 종결시켰다. 스키피오는 여가 시에도 한가한 적이 없었고, 혼자 있을 때도 고독한 적이 없었다고 한다. 항시 공적인 의무감에서 떠나지 않았고 혼자 있을 때도 자신과 끊임없는 대화를 나누었다는 말이다.

도 합니다. 우선, 현대 세계가 큰 소리로 "혼자 있을 때는 종교를 가져도 좋다"고 말할 때는 나지막이 이렇게 덧붙이고 있음을 알아야 합니다. "절대 혼자 있게 하지 않을 테니." 사생활을 모두 추방하면서 기독교를 사적인 일로 만드는 것은 기독교를 허깨비나 환상으로 치부하는 일입니다. 이것이 원수의 첫 번째 전략입니다. 둘째, 기독교가 사적인 문제가 아님을 아는 진짜 그리스도인들은 그 오류에 대한 반작용으로 이미 세속 생활을 정복해 버린 집단주의를 우리의 신앙생활에 옮겨 올 위험이 있습니다. 이것이 원수의 또 다른 전략입니다. 뛰어난 체스 선수처럼 그자는 성을 지키려면 비숍을 잃을 수밖에 없는 상황으로 언제나 우리를 몰아가려 합니다. 그 덫을 피하려면 우리는 기독교를 사적인 일로 규정하는 개념이 오류이긴 하지만 서툴게나마 위대한 진리를 지키려는 시도로서 극히 자연스러운 오류라고 주장해야 합니다. 사적 기독교관의 배후에는 현대의 집단주의가 인간성을 침해하고 있으며, 다른 모든 악의 경우처럼 하나님이 이 악으로부터 우리를 막아 주실 방패와 방어물이 되신다는 분명한 생각이 깔려 있습니다.

이런 생각은 정당합니다. 개인의 사생활이 그리스도의 몸에 참여하는 삶보다 낮은 것처럼, 집단생활은 개인의 사생활보다 낮고 이에 봉사할 때만 존재 가치가 있습니다. 세속 공동체는 초자연적인 유익이 아니라 자연적 유익을 위해 존재하기 때문에, 가정과 우정과 고독을 원활하게 하고 지켜 주는 일이 세속 공동체의 가장 높은 목표입니다. "가정에서 행복을 누리는 것은 모든 인간이 추구하는 목표이다"라고 존슨은 말했습니다. 자연적 가치만 놓고 본다면, 태양이 가장 따뜻한 미소를 보내는 대상은 웃으며 식사하는 가족, 맥주 한 잔을 들며 대화하는 두 친구, 관심 가는 책을 혼자 읽는 한 사람입니다. 이런 장면들을 연장시키고 늘여 주지 못한다면 모든 경제 활동, 정치, 법률, 군대와 제도들은 모래사장을 쟁기질하고 바다에 씨를 뿌리는 일이요, 공연히 마음만 들뜨게 하거나 애태우는 무의미한 일에 불과합니다. 집단적 활동들은 이런 목적을 이루는 수단으로서만 필요합니다. 가정, 우정, 고독의 사적 행복을 누리는 사람들은 그 행복을 더욱 많은 사람들과 나누기 위해 때로 그것을 크게 희생해야 할 수도 있습니다. 굶주리는 이가 없게 하기 위해 모두가 약간 배고픈 채로 살아야 할 수도 있는 것이지요. 그러나 필요악을 선과 혼동해서는 안 됩니다. 저지르기 쉬운 실수이기 때문에 드리는 말씀입니다. 과일을 먼 데까지 보내려면 영양분과 신선도가 떨어지더라도 통조림으로 만들 수밖에 없습니다. 그런데 신선한 과일보다 과일 통조림을 더 좋아하게 되어 버린 사람들이 있습니다. 병든 사람은 자신의 소화 상태에 대해 많이 생각해야 하고, 병든 사회는 정치에 대해 많이 생각해야 합니다. 이를 무시하는 것은 비겁한 처사요 돌이킬 수 없는 결과를 낳게 됩니다. 그러나 종일 정치나 소화 상태만을 생각하며 그렇게 사는 것이 정상이라고 여긴다면, 그런 것들을 고려하는 이유가 그 외의 다른 것을 생각하기 위해서임을 잊는다면, 건강을 위한 일이 오히려 새로운 죽을병으로 뒤바뀌게 됩니다.

　모든 인간 활동에는 수단이 본래 취지를 배반하고 목적을 훼손하는 위험한 경향이 있습니다. 그래서 돈이 물자 교환을 가로막고, 예술의 규칙들이 천재성을 방해하고, 시험이 젊은이들의 학식 구비를 막는 일이 벌어집니다. 그러나 불행히도, 그런 주제넘은 수단들이 없어도 된다는 결론은 나오지 않습니다. 집단주의는 우리 생활에 필요하고 앞으로 점점 증가할 것입니다. 저는 집단주의의 치명적 특성에 대한 방어책이 그리스도인의 삶에만 있다고 생각합니다. 우리는 뱀을 집어 올리며 무슨 독을 마실지라도 해를 받지 않을 거라는 약속을 받았기 때문입니다.[8] 그것이 우리가 논의의 출발점으로 삼았던 사적 종교관에 담긴 진리입니다. 그럼 사적 종교관의 어느 부분이 잘못된 것일까요? 집단적 대중에 혼자 맞선다는 점입니다. 그리스도인은 개인주의가 아니라 신비한 몸의 멤버십[9]으로 부름 받은 사람입니다. 우리는 기독교가 개인주의적이 되지 않으면서 집단주의에 맞설 수 있는 방법을 이해해야 하고 그러기 위해서는 먼저 세속 집단주의와 신비한 몸의 차이를 살펴봐야 합니다.

　처음부터 우리는 용어의 어려움에 부딪칩니다. **멤버십**이라는 단

---

8) 마가복음 16장 18절.
9) 한글성경에는 '지체'라고 번역되어 있다.

어는 원래 기독교에서 나왔지만 세상이 가로채 그 안의 모든 의미를 없애 버렸습니다. 논리학 서적을 보면 '한 부류의 멤버들members of a class'이라는 표현이 나옵니다. 그러나 동질의 부류에 포함된 낱개나 항목들은 사도 바울이 말한 **멤버들**과 전혀 다릅니다. 이 둘은 오히려 정반대에 가깝습니다. 이 사실은 매우 중요합니다. 바울이 **멤버**μέλη라는 말로 전하고자 했던 바를 분명히 보여 주는 영어 단어를 고르자면 장기臟器organs가 적당합니다. 본질적으로는 서로 다르면서도 상호보완적이고, 구조와 기능, 위계가 다른 어떤 것을 가리키기 때문입니다. 따라서 클럽의 위원회나 사무원 전체를 각각 '멤버'로 볼 수 있습니다. 하지만 지금 흔히 말하는 클럽의 멤버는 개별 단위들에 불과합니다. 똑같은 옷을 입고 똑같은 훈련을 받고 나란히 줄 서 있는 군인들, 지역구의 선거인 명부에 올라 있는 많은 시민들은 바울이 말하는 의미에서는 그 무엇의 멤버도 아닙니다. 우리가 누군가를 '교회의 멤버'라고 부를 때의 그 명칭은 대개 바울이 말하는 의미에서의 멤버와 상관이 없습니다. 그저 그 사람이 개별 구성원이라는 뜻일 뿐입니다. X와 Y와 Z 같은 동종 집합체의 표본 중 하나라는 뜻입니다. 몸을 이루는 진정한 멤버십과 단순히 집합체에 포함되는 상태가 얼마나 다른지는 가족 조직에서 볼 수 있습니다. 할아버지, 부모, 장성한 아들, 아이, 개와 고양이는 동질적인 부류의 멤버나 개별 단위들이 아니기 때문에 (유기체적 의미에서) 참된 멤버가 됩니다. 그들은 다른 것으로 교체될 수 없습니다. 각 사람은 고유의 종種이라 할 만합니다. 어머니는 딸과 그냥 다른 사람이 아니라, 다른 종류의 사람입니다. 장성한 아들은 자녀들이라는 부류의 한 개별 단위에 불과한 것이 아니라 별도의 부류입니다. 아버지와 할아버지는 개와 고양이가 다른 것만큼이나 다릅니다. 가족에서 한 멤버를 빼면 가족의 수만 줄어드는 것이 아니라 가족 조직 자체가 손상을 입습니다. 가족의 연합은 다른 것들, 도대체 어울리지 않는 것들이 한데 모여 이루는 연합입니다.

우리가 《버드나무에 부는 바람》 같은 책을 좋아하는 것도 이런 식의 통일성에 깃든 다양성을 희미하게나마 감지하기 때문입니다. 물쥐, 두더지, 오소리 삼총사는 조화로운 연합을 이루는 전혀 다른 사람들을 상징합니다. 우리는 이 연합이 고독과 집단주의 모두로부터 벗어날 수 있는 유일한 피난처임을 직관적으로 아는 것입니다. 딕 스위블러와 후작 부인[10]이나 피크위크 씨와 샘 웰러[11]처럼 묘하게 잘 어울리는 이들의 애정도 같은 즐거움을 줍니다. 아이들이 부모를 세례명으로 불러야 한다는 현대적 발상이 도대체 틀려먹은 것은 이 같은 이유 때문입니다. 그것은 진정한 유기적 연합을 이루게 하는 본질적인 차이점을 무시하는 시도입니다. 어머니가 다른 사람과 똑같은 동료 시민에 불과하다는 터무니없는 생각을 아이에게 주입

---

10) 찰스 디킨스의 소설 《골동품 상점》에 등장하는 인물들.
11) 찰스 디킨스의 첫 장편소설 《피크위크 페이퍼스》에 등장하는 인물들.

하고, 모든 사람이 다 아는 사실을 모르게 만들고, 모든 사람이 느끼는 사실을 느끼지 못하게 만들려는 시도입니다. 무미건조한 반복뿐인 집단주의의 특성을 좀더 온전하고 구체적인 세계인 가정 안으로 끌어들이려는 시도입니다.

죄수는 이름 대신 번호로 불립니다. 집단적 사고방식을 극단까지 적용한 예입니다. 그러나 남자는 자기 집에서도 이름을 잃을 수 있습니다. 그냥 '아버지'라고 불리기 때문입니다. 그러나 이것은 몸의 멤버십입니다. 이름을 잃는다는 사실은 두 경우 모두 같지만, 고립에서 벗어나는 데도 정반대의 두 가지 방법이 있음을 보여 줍니다.

그리스도인이 세례를 받고 부름 받아 들어가는 사회는 단순한 집합체가 아니라 그리스도의 몸입니다. 가정은 그 몸이 어떤 것인지 자연적 수준에서 이미지로 보여 줍니다. 누군가 교회의 멤버십을 현대적 의미의 비하된 멤버십—동전이나 지폐처럼 한데 모여 있는 사람들—으로 오해한 채 그 몸에 들어온다면 금세 생각을 바로잡게 될 것입니다. 그 몸의 머리는 나머지 열등한 멤버들과 너무나 다르고 그 둘 사이에는 같은 속성이 전혀 없음을 발견하게 되기 때문입니다. 그 둘 사이의 공통성은 유비로서만 존재합니다. 피조물이자 죽을 존재, 구원받은 죄인인 우리는 처음부터 창조주, 불멸의 존재, 죄 없는 구원자와 결합하도록 부름 받습니다. 그분의 임재, 그분과 우리의 상호작용은 그 몸 안에서 영위하는 우리의 삶에서 언제나 가장 중요한 요소가 되어야 합니다. 그분과의 교제가 중심이 되지 않는 기독교적 교제란 있을 수 없습니다. 그리스도와 우리의 연합만 분명히 해 둔다면, 성령의 연합을 찾아내기 위해 몸 안에서 이루어지는 다양한 역할들의 근원을 살필 것도 없습니다. 이와 같은 다양성 안에 이미 성령의 연합이 있으니까요. 성직자들은 평신도와 구별되고, 예비 신자는 온전한 교제에 참여하는 신자들과 구별됩니다. 그 안에는 아내에 대한 남편의 권위, 자녀에 대한 부모의 권위가 있습니다. 그리고 너무나 미묘해서 공식화시킬 수는 없지만 서로 보완하는 섬김의 상호작용이 끊임없이 이루어집니다. 우리 모두는 언제나 서로를 가르치고 배우며, 용서하고 용서받습니다. 중보기도를 할 때는 그리스도의 역할을 하고 중보기도 받을 때는 인간의 역할을 합니다. 이기적인 사생활을 희생하라는 요구를 매일 받지만, 그 대신 몸의 지체로서 살아갈 때 매일 얻게 되는 진정한 인격 성장으로 백배의 유익을 얻습니다. 서로 멤버들인 사람들은 손과 귀가 다른 것만큼이나 서로 다르게 됩니다. 그래서 세상 사람들이 너무나 단조롭도록 똑같은 데 비해 성도들은 거의 환상적으로 다양한 것입니다. 순종은 자유로 가는 길이며, 겸손은 즐거움으로, 연합은 개성으로 가는 길입니다.

이제부터 여러분이 역설로 느낄 만한 말을 해야겠습니다. 세상에서 우리가 맡은 지위는 다양하지만 하나님이 보실 때는 모두 평등하다는 말을 자주 들으셨을 것입니다. 물론 이 말에는 옳은 부분이 있습니다. 하나님은 겉모습으로 사람을 판단하지 않으십니다. 우리를 향한 그분의 사랑은 우리의 사회적 지위나 지적 재능에 따라 움직이지 않습니다. 그러나 이 격언에는 진리를 뒤집어 놓은 부분이 있습니다. 저는 우리가 국민으로 살아갈 때는 이 인위적 평등이 필요하지만 교회 안에서는 이 가장을 벗어 버리고 우리의 진정한 불평등을 회복하게 되며, 그로 인해 활력을 얻고 소생한다고 감히 말씀드리려 합니다.

저는 정치적 평등을 믿습니다. 하지만 민주주의자가 되는 데는 두 가지 상반된 근거가 있을 수 있습니다. 우선, 모든 사람이 너무나 선하고 지혜로워서 국가의 통치에 참여할 자격이 있고 그들의 조언이 필요하다고 생각할 수 있습니다. 그러나 저는 이것이 잘못되고 낭만적인 민주주의 교리라고 생각합니다. 또 하나는 타락한 인간들이 너무나 악해서 그들 중 누구에게도 동료들에 대한 절대 권력을 맡길 수 없다고 믿는 생각이 있습니다.

저는 후자가 민주주의의 진정한 근거라고 믿습니다. 저는 하나님이 모든 인류가 평등한 세상을 만드셨다고 믿지 않습니다. 자녀에 대한 부모의 권위, 아내에 대한 남편의 권위, 무지한 자에 대한 배운 자의 권위가 하나님의 원래 계획의 일부였다고 믿습니다. 짐승에 대한 인간의 권위가 그렇듯 말입니다. 인간이 타락하지 않았다면, 필머Robert Filmer[12]의 주장대로 가부장적 절대왕권이 유일하게

---

12) 1589-1653. 영국의 정치사상가.

합법적인 통치 형태였을 것입니다. 그러나 우리는 죄를 배웠기 때문에, 액턴 경Sir Acton[13]이 말한 바 "모든 권력은 부패하고 절대 권력은 절대 부패한다"는 사실을 발견했습니다. 그래서 인류가 찾아낸 유일한 교정책은 권력들을 빼앗고 평등이라는 법적 허구로 대체하는 것이었습니다. 아버지와 남편의 권위는 법적 차원에서 정당하게 폐지되었습니다. 그들의 권위 자체가 나쁘기 때문이 아니라(정반대로, 저는 이것이 하나님께서 주신 것이라고 주장합니다), 아버지들과 남편들이 악하기 때문입니다. 신정정치가 폐지된 것은 정당합니다. 학식 있는 성직자들이 무지한 평신도를 다스리는 일이 잘못이기 때문이 아니라, 성직자들도 나머지 사람들처럼 사악한 인간이기 때문입니다. 짐승에 대한 인간의 권위마저도 끊임없이 오용되기 때문에 규제가 필요했습니다.

저는 평등을 옷과 같다고 봅니다. 그것은 타락의 결과이고 타락의 교정책입니다. 인류 평등주의에 도달해 온 단계들을 거슬러 올라가 정치적 차원에서 옛날의 권위들을 재도입하려는 시도는 옷을 벗어 버리려는 것처럼 어리석은 일입니다. 나치스Nazis와 나체주의자는 같은 실수를 저지른 겁니다. 그러나 정말 살아 있는 것은 우리의 옷 안에 있는 벗은 몸입니다. 우리의 진정한 관심사는 평등한 시민권의 겉모습 속에 (아주 적절하게) 숨겨진 채 여전히 살아 있는 위계

---

13) 1834-1902. 영국의 역사가, 종교가.

있는 세상입니다.

제 말을 오해하지 마십시오. 저는 이 평등주의적 허구의 소중한 가치를 조금도 과소평가하지 않습니다. 이것은 서로의 잔인함에 대한 유일한 방어물입니다. 저는 성년 남성 선거권이나 기혼 여성 재산법[14]의 폐지를 내세우는 주장에 절대 동의하지 않습니다. 그러나 평등의 기능은 '보호'에 있습니다. 그것은 약이지 음식이 아닙니다. 인간 개개인을 본질적으로 (관찰된 사실을 무시하고 법적으로) 같은 존재로 취급함으로써 우리는 셀 수 없는 악을 피합니다. 하지만 우리는 이것만 가지고는 살아갈 수 없도록 만들어졌습니다. 우리는 숙고함 없이 인간의 가치가 평등하다고 말합니다. 그 가치를 세상적인 의미로 받아들인다면, 즉 모든 인간이 똑같이 유용하거나 아름답거나 선하거나 재미있다는 뜻이라면, 그 말은 허튼소리입니다. 만약 그것이 우리 모두가 불멸의 영혼으로서 가치가 평등하다는 뜻이라면, 역시 위험한 오류를 담고 있습니다. 각 인간 영혼의 가치가 무한하다는 주장은 기독교 교리가 아닙니다. 하나님은 인간에게서 어떤 가치를 발견하셨기 때문에 인간을 위해 죽으신 게 아닙니다. 하나님과 관계없이 각 인간 영혼 자체만 놓고 볼 때 그 가치는 무無입니다. 사도 바울이 지적한 바 있듯, 가치 있는 사람들을 위해 죽는 것

---

14) Married Women's Property Act. 1882년 영국에서 기혼 여성의 독립 사유 재산을 인정한 법.

은 신적인 행위가 아니라 영웅적인 행위에 불과했을 것입니다. 하지만 하나님은 죄인들을 위해 죽으셨습니다. 하나님이 우리를 사랑하신 것은 우리가 사랑 받을 만하기 때문이 아니라 하나님이 사랑이시기 때문입니다. 하나님이 모두를 똑같이 사랑하신다고 말할 수 있겠지만—하나님이 모든 사람을 죽기까지 사랑하신 것은 분명합니다—저는 그 표현의 의미를 단정하기가 어렵습니다. 평등이 있다면, 그것은 그분의 사랑 안에 있지 우리 안에 있지 않습니다.

평등은 수량적 용어이므로 사랑과는 전혀 상관이 없을 때가 많습니다. 권위를 행사할 때는 겸손하게, 순종할 때는 기쁨으로 하는 것이 우리 영혼이 살아갈 길입니다. 애정 관계를 통해 우리는 "나는 너와 다를 바 없다"고 말하는 세상 바깥으로 걸어 나옵니다. 그리스도의 몸 안에서는 더욱 그렇습니다. 그것은 행진이 춤으로 바뀌는 것과 같습니다. 옷을 벗어 버리는 것과 같습니다. 체스터턴Gilbert Keith Chesterton[15]의 표현을 빌면 우리는 고개를 숙일 때 더욱 커지고, 가르칠 때 더욱 낮아집니다. 저는 영국 성공회의 공예배 순서에 사제가 일어서고 신도는 무릎을 꿇는 순간이 있어서 기쁩니다. 바깥세상에서 민주주의가 점점 더 철저하게 적용되고 존경을 표할 기회가 사라져 감에 따라, 교회가 제공하는 활력과 정화의 은혜, 불평등으로 돌아가는 상쾌한 기회가 더욱 필요해집니다.

---

15) 1874-1936. 영국 언론인이자 소설가.

이런 식으로, 그리스도인의 삶은 개인을 고립시키는 것이 아니라 신비한 몸을 구성하는 여러 장기로서의 지위를 부여함으로써 집단주의로부터 사람의 개성을 지켜 줍니다. 요한계시록에서는 그가 "하나님 성전의 기둥"이 될 것이라는 말씀이 있고 "그가 결코 다시 나가지 아니하리라"고 덧붙이고 있습니다.[16] 이 말씀이 우리가 이야기하는 주제의 새로운 측면을 보여 줍니다. 가장 낮은 그리스도인이라도 교회에서 차지하는 구조적 위치는 영원하고 우주적이기까지 합니다. 교회는 우주보다도 오래 살 것입니다. 따라서 교회 안의 각 개인은 우주보다 오래 살 것입니다, 불멸의 머리와 연결된 모든 것이 그분의 불멸성을 공유할 것입니다. 오늘날 기독교 설교단에서는 이 말씀을 거의 들을 수 없습니다. 저는 그러한 침묵의 결과를 최근 목격했습니다. 이 주제를 가지고 공군에서 강연했을 때 청중의 한 사람이 이 교리를 '신비주의적 억측'으로 여기는 것이었습니다. 우리가 이 교리를 믿지 않는다면, 정직하게 시인하고 기독교 신앙을 박물관으로 보냅시다. 그러나 정말 믿는다면, 이 교리가 아무 의미도 없다는 듯 가장하는 일을 그만둡시다. 이것이 집단주의가 내세우는 온갖 주제넘은 권리 주장에 맞설 실질적인 해답이기 때문입니다. 조직과 집단은 언젠가 사라지지만, 우리는 영원히 살 것입니다. 모든 문화, 모든 제도, 모든 국가, 인류, 모든 생명체가 사라진 후

---

16) 요한계시록 3장 12절.

에도 우리 모두는 여전히 살아 있을 때가 올 것입니다. 불멸성은 이 모든 일반적인 대상들이 아니라 우리에게 약속된 것입니다. 그리스 도께서는 사회나 국가를 위해서가 아니라 사람들을 위해 죽으셨습 니다. 이런 의미로 볼 때, 세속 집단주의자들에게 기독교는 개인성 을 거의 광적으로 내세우는 것처럼 보일 것입니다. 그러나 우리는 죽음을 이기신 그리스도의 승리를 한 개인으로서 공유하지 않을 것 입니다. 우리는 승리자 안에 있음으로 그 승리를 공유할 것입니다. 자연적 자아를 거부하는 일, 성경의 강한 표현을 빌자면 자연적 자 아를 십자가에 못 박는 일이 영생으로 가는 여권입니다. 죽지 않은 것은 그 어떤 것도 부활하지 못할 것입니다. 이렇게 해서 기독교는 개인주의와 집단주의 사이의 이분법을 초월합니다. 그리고 바로 이 부분에서 우리 신앙은 외부자들이 화가 날 만큼 모호하게 보이기 마 련입니다. 기독교 신앙은 우리의 자연적인 개인주의를 가차 없이 적 대시합니다. 반면, 개인주의를 버리는 사람들에게는 개성과 함께 그 들의 몸에 대한 영원한 소유권을 되돌려 줍니다. 생존과 팽창의 의 지를 가진 생물로서의 우리는 아무 가치가 없습니다. 우리는 십자가 위에서 죽어야 할 존재에 불과합니다. 그러나 그리스도의 몸의 장기 로서, 성전의 돌과 기둥으로서, 우리는 영원한 정체성을 보장받고 영원히 살아 장차 은하수를 옛 이야기로 기억하게 될 것입니다.

이것은 다른 식으로 표현할 수도 있습니다. 개성personality은 영 원하고 신성합니다. 그러나 개성은 우리가 출발점으로 삼는 기정사실이 아닙니다. 우리 모두는 개인성individualism에서 출발합니다. 그러나 개인성은 개성의 패러디나 그림자에 불과합니다. 진정한 개성은 저 앞에 놓여 있습니다. 그것이 얼마나 멀리 떨어져 있는지는 감히 말하지 않겠습니다. 거기까지 이르는 열쇠는 우리 안에 있지 않습니다. 우리 안에 있는 무엇인가가 발전해서 거기에 이를 수도 없습니다. 영원한 우주의 구조 안에서 우리가 설계 내지 발명된 목적에 합당한 자리를 차지할 때, 진정한 개성이 우리에게 찾아올 것입니다. 색상은 탁월한 화가의 손에 들려 그가 미리 정해 놓은 지점, 다른 색상들 사이에 놓일 때 비로소 진가를 드러냅니다. 양념은 훌륭한 요리사의 손에 들려 요리사가 원하는 음식에서 적절한 순간에 다른 재료들 사이에 들어갈 때 진정한 풍미를 드러냅니다. 개는 인간 가족 안에서 제자리를 차지할 때 진짜 개다워집니다. 우리 역시 우리를 위한 자리에 맞춰 들어갈 때 비로소 진정한 사람이 될 것입니다. 우리는 다듬어지기를 기다리는 대리석, 주형에 부어지길 기다리는 용해된 금속입니다. 물론, 중생하지 않은 자아 속에도 각 사람이 어떤 주형을 위해 만들어졌는지, 어떤 종류의 기둥이 될지에 대한 희미한 암시가 존재합니다. 그러나 영혼의 구원을 씨앗이 꽃이 되는 것과 같은 발전으로 생각하는 것은 심각한 과장입니다. **회개, 중생, 새 사람** 같은 단어들은 전혀 다른 것을 암시합니다. 자연적 인간 안의 어떤 경향들은 무작정 거부해야 합니다. 우리 주님은 눈을 뽑아 버리고 손을 잘라 버리라고 말씀하십니다.[17] 노골적으로 말하면 프로크루스테스[18] 같은 적응 방법입니다.

우리가 이런 발상에 기겁을 하는 이유는 처음부터 그림을 완전히 뒤집어 놓았기 때문입니다. 우리는 모든 개인성에 "무한한 가치가 있다"는 원칙에서 출발하기 때문에, 하나님을 사람들에게 적합한 일거리를 찾아 주거나 네모난 말뚝에 필요한 네모난 구멍을 찾아 주는 일종의 직업소개소 정도로 생각합니다. 그러나 개인의 가치는 그 안에 있지 않습니다. 개인은 외부에서 가치를 받아야 합니다. 그는 그리스도와 연합함으로써 가치를 받습니다. 개인에게 내재된 가치를 제대로 드러내고 그의 타고난 특이성들을 다 받아 줄 자리를 살아 있는 성전에서 만들어 낼 길은 없습니다. 그곳에 자리가 먼저 있었습니다. 사람은 그 자리를 위해 창조되었습니다. 그 자리에 이르기 전까지는 참 자신이 될 수 없을 것입니다. 빛 안에서만 우리의 몸이 색깔을 발하듯, 우리는 오직 천국에서만 참되고 영원하고 참으로 신적인 사람들이 될 것입니다.

지금까지 저는 모든 사람이 인정하고 있는 사실을 되풀이한 셈입니다. 즉 우리는 은혜로 구원을 받고, 우리 육신에는 선한 것이 없고, 우리는 철저하게 피조물이지 창조자가 아니며, 우리 스스로가 아니라 그리스도의 힘으로 사는 파생된 존재라는 말을 달리 표현한

---

17) 마가복음 9장 43, 47절.
18) 나그네를 자기 침대에 억지로 눕혀 그 신장이 침대보다 작으면 몸을 때리거나 추를 매달아 늘이고, 침대보다 크면 다리를 잘라내어 침대 길이에 맞추었다는 괴한.

것입니다. 간단한 문제를 제가 오히려 복잡하게 만든 것으로 보인 다면 용서하시기 바랍니다. 여기서 저는 두 가지 논점을 드러내려 힘썼습니다. 첫째, 집단주의와 나란히 현대 사상에 널리 퍼진, 인간 개인에 대한 비기독교적 숭배를 몰아내려고 시도했습니다. 한 가지 오류는 정반대의 오류를 낳고, 서로의 문제를 악화시키기 때문입니 다. 개성 숭배란 우리 각자의 출발점이 우리 내부에 갇혀 있는 보물 인 '개성'이고, 이것을 확장시키고 표현하고 외부의 간섭에서 지켜 내는 것, '독창적'이 되는 것이 삶의 주된 목표라는 유해한 개념을 말합니다. 이것은 펠라기우스Pelagius[19]적인 생각이자, 더 나아가 자멸적인 생각입니다. 독창성을 소중히 여기는 사람은 결코 독창적 이 되지 못합니다. 진실을 말하려 노력하고 무슨 일이건 최대한 잘 하려고 노력하다 보면, 소위 독창성은 어느새 찾아오기 마련입니 다. 자연적 수준에서도, 개별성에 집착하지 않고 기능에 충실할 때 진정한 개성이 태어나기 시작하는 것입니다. 둘째, 저는 기독교의 궁극적 관심사가 개인도 집단도 아님을 보여 드리고 싶었습니다. 사람들이 흔히 생각하는 개인이나 집단은 영생을 상속받을 수 없습 니다. 자연적 자아도, 집단적 대중도 마찬가지입니다. 오직 새로운 피조물만이 영생을 상속받을 수 있습니다.

---

19) 354-418. 영국의 수도사, 신학자. 인간의 자유의지를 강조하고 원죄, 그리스도
의 구원, 세례 등을 부정했다.

용서

On Forgiveness

교회 안에서(교회 밖에서도 마찬가지로) 우리는 별다른 생각 없이 아주 많은 말을 합니다. 예를 들면, 사도신경을 통해 "죄를 사하여 주시는 것을 믿사옵나이다"라고 고백합니다. 저는 이 문구를 몇 년 동안이나 되풀이하다가 이것이 왜 사도신경에 있는지 자문해 보게 되었습니다. 이 문구는 사도신경에 들어갈 가치가 없는 듯 보였습니다. 이런 생각 때문이었습니다. "그리스도인이라면, 죄를 사하여 주시는 것을 당연히 믿지. 말할 것도 없잖아." 그러나 사도신경을 작성했던 사람들은 이것이 우리가 교회에 갈 때마다 상기해야 하는 신앙의 일부라고 생각했던 것 같습니다. 그리고 적어도 제 경우에는 그들이 옳았음을 알게 되었습니다. 죄 용서를 믿는 일은 생각만큼 쉽지 않았습니다. 그리고 죄 용서에 대한 믿음은 계속해서 그나마도 상기하지 않으면 아주 쉽게 잊고 맙니다.

우리는 하나님이 우리 죄를 용서하신다고 믿지만, 우리에게 죄지은 다른 사람들을 용서하지 않으면 하나님이 우리를 용서하지 않으신다고도 믿습니다. 이 두 번째 부분에는 의심의 여지가 없습니다. 주기도문에 들어 있고, 우리 주님이 강조해서 말씀하셨기 때문입니다. 용서하지 않으면 용서받지 못할 것입니다. 주님의 가르침 중 이만큼 분명한 부분도 없습니다. 여기에는 어떠한 예외도 없습니다. 그분은 다른 사람들의 죄가 그리 끔찍하지 않거나, 정상 참작이 되는 경우에만 그들의 죄를 용서하신 게 아닙니다. 우리는 다른 사람들의 모든 죄를 용서해야 하고, 그것이 아무리 끔찍하고 비열하고 자주 되풀이되더라도 용서해야 합니다. 용서하지 않으면, 우리 역시 용서받지 못할 것입니다.

우리는 우리 죄에 대한 하나님의 용서와 우리가 다른 사람들에게 베풀어야 하는 용서를 놓고 자주 실수를 범합니다. 먼저 하나님의 용서에 대해 생각해 봅시다. 저는 하나님께 용서를 구할 때 (아주 주의하지 않는 한) 실제로는 제가 그분께 전혀 다른 것을 구하고 있음을 발견합니다. 용서가 아니라 양해를 구하는 것입니다. 그러나 용서와 양해는 전혀 다릅니다. 용서는 이렇게 말합니다. "그렇다. 너는 이런 일을 했다. 하지만 네 사과를 받아들인다. 나는 이 일에 대해 네게 앙심을 품지 않을 것이고 우리 사이의 모든 것이 이전과 똑같

을 것이다." 그러나 양해는 이렇게 말합니다. "네가 어쩔 수 없었다
는 것과 본심이 아니었다는 걸 알겠다. 정말 네 잘못이 아니었구
나." 이런 의미에서 용서와 양해는 반대말에 가깝습니다. 물론, 하
나님과 사람 사이건 사람과 사람 사이건, 수십 가지의 경우에, 용서
와 양해가 섞여 있을 수 있습니다. 처음에는 죄로 보였던 것의 일부
가 실제로는 누구의 잘못도 아님이 드러나 양해가 됩니다. 그리고
남은 부분은 용서를 받습니다. 완벽한 이유가 있는 경우라면 용서
가 필요 없을 것입니다. 행동 전체에 용서가 필요하다면 그 일에는
변명의 여지가 없습니다. 그러나 문제는 우리가 "하나님께 용서를
구한다"고 하는 일이 실제로는 하나님께서 우리의 해명을 받아 주
시기를 구하는 일일 때가 아주 많다는 것입니다. 우리가 이런 실수
를 저지르는 이유는 대부분의 행동에는 어느 정도의 핑계, '정상 참
작을 할 만한 상황'이 있기 때문입니다. 우리는 이 사실을 하나님께
(그리고 우리 자신에게) 알리느라 바쁜 나머지 정말 중요한 것을 잊기
쉽습니다. 남은 부분 말입니다. 어떤 행동에 있어 핑계할 수 없는
부분, 변명의 여지가 없지만 감사하게도 하나님께 용서받을 수 있
는 부분 말입니다. 만약 우리가 이것을 잊어버린다면, 실제로는 우
리 자신의 핑계에 스스로 만족하면서 자신이 회개했고 용서받았다
고 상상하며 돌아가게 될 것입니다. 우리는 아주 엉터리 핑계 앞에
서도 자신에게 너무나 쉽사리 만족합니다.

　이 위험을 피하는 두 가지 방법이 있습니다. 하나는 하나님이 모

든 변명을 우리보다 훨씬 더 잘 아신다는 걸 기억하는 것입니다. 진정한 '정상 참작 사유'가 있다면 하나님이 그것을 놓치실 우려는 없습니다. 하나님은 우리가 상상도 못한 많은 사정들까지 다 아실 것이므로, 겸손한 영혼들 중에는 죽은 후에 자신이 생각보다 훨씬 죄를 덜 지었음을 발견하고 깜짝 놀라 기뻐하는 경우도 있을 것입니다. 정말 양해할 만한 사항이 있다면 하나님은 다 양해하실 것입니다. 우리가 하나님 앞에 가져가야 할 것은 핑계할 수 없는 부분, 죄입니다. 하나님이 (우리 생각에) 양해하실 수 있는 부분들에 대해 말하는 것은 시간 낭비일 뿐입니다. 우리가 의사에게 갈 때는 부러진 팔처럼 우리 몸에서 잘못된 부분을 보여 줍니다. 다리와 눈과 목은 다 괜찮다고 계속 설명하는 것은 시간 낭비에 불과할 것입니다. 물론 그것도 잘못 생각한 것일 수 있지만, 어쨌거나 그 부분들이 정말 괜찮다면 오히려 의사가 그 사실을 더 잘 알 것입니다.

두 번째 방법은 정말로, 진심으로 죄 용서를 믿는 것입니다. 하나님 앞에서 핑계를 늘어놓는 우리의 불안은 상당 부분 참으로 죄 용서를 믿지 않기 때문에 생겨납니다. 우리의 잘못들에 대해 하나님이 만족하실 만한 타당한 이유들을 제시하지 않으면 우리를 다시 받아 주지 않으실 거라는 생각 때문에 생겨납니다. 그러나 그런 것은 용서가 아닙니다. 진정한 용서는 변명의 여지가 전혀 없는 죄, 정상 참작을 다 하고도 남은 죄를 찬찬히 들여다보고, 그 끔찍함과 더러움과 비열함과 악독함에도 불구하고 그 죄를 지은 사람과 온전히 화해하는 것입니다. 바로 그것이 진정한 용서이며, 우리가 구할 때마다 하나님이 우리에게 베푸시는 용서입니다.

우리가 다른 사람들을 용서하는 문제에는 하나님의 죄 용서와 같은 부분도 있고 다른 부분도 있습니다. 같은 부분은 용서가 양해를 뜻하지 않는다는 것입니다. 많은 사람들이 용서와 양해를 같은 것으로 여기는 듯합니다. 자신들을 속이거나 괴롭힌 누군가를 용서하라는 말을 들으면 그들은 속임수나 괴롭힘 자체가 없었다고 설득당한다고 생각합니다. 그러나 정말 그렇다면, 용서할 일이 없을 것입니다. 그들은 계속해서 이렇게 대답합니다. "하지만 분명히 말하는데, 그 사람은 가장 중요한 약속을 어겼습니다." 그렇습니다. 정확히 바로 그것을 용서해야 합니다. (그렇다고 그의 다음 번 약속을 반드시 믿어야 하는 건 아닙니다. 하지만 여러분의 마음에 남아 있는 원한과 상대에게 모욕과 상처를 주거나 앙갚음하고 싶은 욕망을 모두 없애 버리기 위해 정말 분투해야 합니다.) 이 상황과 우리가 하나님께 용서를 구하는 상황과의 차이점은 이렇습니다. 우리 자신의 경우, 우리는 스스로의 구실을 너무나 쉽게 받아들입니다. 그러나 다른 사람들의 구실은 좀처럼 받아들이지 않습니다. 내 죄에 대해 늘어놓는 구실은 실제로 내 생각만큼 훌륭하지 않다고 봐도 (확실한 정도는 아니라도) 무방할 것입니다. 반면 다른 사람들의 구실들은 내 생각보다 더 낫다고 봐도 (확실한 정도는 아니라도) 무방할 것입니다. 그러므로 우리는 상대방의 잘못이 우리 생각만큼 크지 않음을 보여 주는 모든 것에 먼저 주의를 기울여야 합니다. 그러나 누군가의 죄가 전적으로, 철저하게 그의 잘못이라 해도 우리는 여전히 그를 용서해야 합니다. 그가 저지른 죄의 99퍼센트가 정말 타당한 구실들로 설명될 수 있다 해도, 용서는 남은 1퍼센트에서 시작됩니다. 정말로 양해할 만한 정당한 사유가 있는 일을 양해하는 것은 기독교적인 자비가 아닙니다. 그것은 공정함일 뿐입니다. 그리스도인이 된다는 것은 용서할 수 없는 사람들을 용서한다는 뜻입니다. 하나님이 우리의 용서할 수 없는 부분들을 용서하셨기 때문입니다.

이 일은 어렵습니다. 한 번의 큰 모욕을 용서하는 건 어쩌면 그리 어렵지 않을지도 모릅니다. 그러나 일상생활에서 우리를 끊임없이 자극하는 사람들을 용서하는 일은 다릅니다. 들볶아 대는 시어머니, 윽박지르는 남편, 바가지 긁는 아내, 이기적인 딸, 거짓말쟁이 아들을 계속해서 용서하라니, 어떻게 그럴 수가 있겠습니까? 방법은 우리가 서 있는 자리를 기억하는 것밖에 없습니다. 매일 밤 "우리가 우리에게 죄 지은 자를 사하여 준 것같이 우리 죄를 사하여 주옵시고"라고 기도할 때마다 진심으로 구하는 수밖에 없습니다. 우리가 용서받을 수 있는 다른 조건은 없습니다. 다른 사람을 용서하지 않으려는 것은 하나님이 우리에게 베푸시는 자비를 거절하는 것과 같습니다. 예외가 있다는 암시는 전혀 없으며, 하나님은 결코 빈말을 하지 않으십니다.

실언

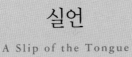

A Slip of the Tongue

평신도가 설교를 해야 할 때는 정확히 자신이 처한 자리에서 출발해야, 즉 주제넘게 가르치려 들지 않고 의견 교환을 해야 흥미롭고 유용한 말을 할 가능성이 높습니다.

얼마 전, 혼자 기도하면서 삼위일체 축일 이후 네 번째 주일 축문[1]을 외다가 제가 실언을 했음을 깨달았습니다. 저는 일시적인 것들을 잘 통과하여 영원한 것들을 잃지 않게 해 달라고 기도하려 했습

---

[1] "오 하나님, 당신을 신뢰하는 모든 자의 보호자시여, 당신 없이는 그 무엇도 강할 수 없고 거룩할 수 없나이다. 우리에게 더 크고 많은 자비를 베푸소서. 우리의 통치자와 안내자가 되소서. 그리하여 우리가 일시적인 것들을 잘 통과하여 영원한 것들을 잃지 않게 하소서. 오 하늘의 아버지시여, 이것을 허락하소서. 우리주 예수 그리스도의 이름으로 기도합니다."—편집자.

니다. 그런데 영원한 것들을 잘 통과하여 일시적인 것들을 잃지 않게 해 달라고 구하고 말았습니다. 물론 실언이 죄는 아닙니다. 또한 모든 실언에 예외 없이 중요한 의미가 있다고 믿을 만큼 제가 철저한 프로이트주의자도 아닙니다. 하지만 실언 중에는 분명 중요한 의미가 있는 것이 있고, 이번 실언이 그런 것 중 하나인 듯합니다. 저도 모르게 한 말 속에 제 진정한 바람이 거의 그대로 담겨 있었던 것이지요.

물론 거의 그대로일 뿐, 정확히 담겨 있지는 않습니다. 저는 엄격한 의미에서 영원한 것을 '통과할' 수 있다고 생각할 만큼 어리석지는 않습니다. 제가 (일시적인 것들을 간직하며) 무사히 통과하고 싶었던 것은 영원한 것에 참여하는 시간, 영원한 것에 나를 노출시키는 순간이었습니다.

제 말은 이런 뜻입니다. 제가 기도를 하고, 경건 서적을 읽고, 성찬을 준비하거나 받을 때 제 안에서 주의를 촉구하는 목소리가 들려옵니다. 그 목소리는 제게 주의하라고, 냉정함을 잃지 말라고, 너무 멀리 가지 말라고, 배수진을 치지 말라고 합니다. 하나님의 임재 안에 머무는 동안 저는 '평범한' 생활로 되돌아갈 때 견딜 수 없을 만큼 불편해질 만한 일이 벌어질까 봐 크게 두려워집니다. 저는 덜컥 엉뚱한 결심을 했다가 나중에 후회하고 싶지 않습니다. 아침 식사를 하고 나면 생각이 완전히 달라질 것을 알기 때문입니다. 저는 나중에 너무 부담스러울 만한 일이 일어나지 않기를 바라며 제단 앞에 앉습니다. 기도를 하면서 사랑의 의무를 너무 심각하게 받아들여 무례한 편지를 보내온 사람에게 부치려고 써 놓은 독설로 가득한 속 시원한 편지를 찢어야 한다면 정말 내키지 않을 것입니다. 괜히 절제를 훈련한답시고 매번 아침 식사 후 피우던 담배를 끊기로 결심한다면 (아니면 그것만 피우고 이후 담배를 안 피우기로 한다면) 아주 피곤해질 것입니다. 과거의 행동에 대한 참회도 함부로 할 일이 아닙니다. 보상을 해야 하는 문제가 생기기 때문입니다. 어떤 행동에 대해 참회를 한다는 건, 그 일이 죄였음을 인정하는 것입니다. 그러면 되풀이해선 안 되는 일이 됩니다. 차라리 애매하게 남겨 두는 편이 낫습니다.

이 모든 예방 조치의 근본 목표는 같습니다. 일시적인 것들을 지키자는 겁니다. 그리고 저만 이런 유혹을 받는 것이 아니라는 증거를 발견했습니다. 이름은 잊었지만 한 훌륭한 작가가 있었습니다. 그는 자신의 글을 통해 이렇게 묻습니다. "너무 오래 기도하다 하나님의 뜻이 분명하게 드러나 버릴까 봐 서둘러 일어선 적은 없는가?" 실화로 전해지는 이야기를 하나 소개할까 합니다. 어느 아일랜드 여인이 고백성사를 마치고 나오다가 원수처럼 지내는 다른 여인을 교회 계단에서 만났습니다. 그런데 상대방이 그녀를 향해 욕설을 퍼부었습니다. 주인공은 이렇게 대답했습니다. "이 겁쟁이, 창피하지도 않아? 내가 지금 은혜 받은 상태이니 똑같이 응수할 수 없을 거라 이거지. 조금만 기다려. 내가 이 상태로 오래 있지는 않을 테니." 트롤럽Anthony Trollope[2]의 《바셋의 마지막 연대기*The Last Chronicle of Barset*》에 나오는 부주교의 이야기는 우습고도 서글픈 방식으로 비슷한 사례를 절묘하게 제시하고 있습니다. 부주교는 장남에게 단단히 화가 나 아들에게 불리한 수많은 법적 조치를 취하기로 했습니다. 며칠 뒤에도 쉽게 할 수 있는 일들이었지만, 트롤럽의 설명에 따르면, 부주교는 잠시도 기다릴 생각이 없었습니다. 다음 날까지 기다리려면 저녁 기도 시간이 지나야 했고, "우리가 우리에게 죄 지은 자를 사하여 준 것같이 우리 죄를 사하여 주옵시고"라는 구절을 만나면 적의에 찬 계획을 실행에 옮기지 못할 것 같았기 때문입니다. 그래서 먼저 일을 벌인 후, 하나님께는 완료된 일*fait accompli*을 통보하기로 마음먹은 것입니다. 이것이 제가 말하는 예방 조치의 극단적인 사례입니다. 일시적인 일들을 안전하게 처리하기 전에는 영원한 것이 닿을 수 있는 자리에 들어가지 않으려 하는 모습입니다.

이것은 제 안에서도 끝없이 되살아나는 유혹입니다. 신성의 바다(하나님을 바다라고 불렀던 사람은 십자가의 성 요한St. John of the Cross[3]인 듯합니다)에 내려가 다이빙이나 수영을 하거나 항해하는 대신, 잠시 물을 튀기고 물장난이나 치고 싶은 겁니다. 발이 닿지 않는 깊은 곳

---

2) 1815–1882. 영국의 소설가.
3) 1542–1591. 에스파냐의 신비가.

까지는 가지 않고 일시적인 것들과 이어 주는 구명줄을 놓지 않으려 합니다.

이것은 그리스도인의 삶을 시작할 때 만났던 유혹과는 다릅니다. 그때 우리는 (적어도 저는) 영원한 세계의 권리 주장을 철저히 거부하려고 싸웠습니다. 그렇게 싸우다가 결국 실패하고 항복하면서, 이제부터는 모든 항해가 순탄하게 진행될 거라고 생각했습니다. 그런데 그 시점에서 우리를 찾아오는 유혹이 있습니다. 이 유혹은 원칙적으로 영원한 세계의 권리 주장을 받아들이고 그것을 따라가려고 어느 정도 노력하는 사람에게 찾아옵니다. 최소한의 요구만 받아들이고 싶은 유혹입니다. 우리는 속이지는 않지만 마지못해 세금을 내는 납세자와 같습니다. 소득세를 원칙적으로 인정하고 소득 신고도 성실하게 합니다. 하지만 세금이 오를까 봐 겁을 냅니다. 우리는 필요 이상의 세금을 내지 않으려고 조심합니다. 그리고 세금을 내고 난 후에도 먹고 살 것이 충분히 남아 있기를 바랍니다. 아주 간절히 바랍니다.

유혹자가 우리 귀에 대고 속삭이는 그런 온갖 경고들은 모두 그럴 듯합니다. (우리가 아주 어릴 때를 제외하고는) 그자가 우리를 노골적인 거짓말로 속이려 들 때는 그리 많지 않습니다. 그자의 유혹이 그럴듯한 것은 절반의 진실을 담고 있기 때문입니다. 종교적 감정—선조들은 이것을 **열심**enthusiasm이라 불렀습니다—에 휩쓸려 어떤 결심을 하거나 결정을 내렸다가 나중에 차분히 앉아 생각해

본 뒤 후회하게 될 가능성은 얼마든지 있습니다. 이것은 죄라기보다 합리적 판단이며, 세상적이라기보다 지혜롭다고 할 수도 있습니다. 이것은 열광에 반대되는 신중함입니다. 우리는 열심을 낸다는 착각으로 우리 몫이 아닌 과제를 떠맡는 주제넘은 일을 할 수 있기 때문입니다. 이것이 유혹자의 경고에 담긴 절반의 진실입니다. 그럼 어떤 부분이 거짓일까요? 우리 주머니의 안전, 습관적인 방종, 야심을 잘 지키는 것이 최고의 방어책이라는 제안입니다. 그러나 우리의 진정한 방어책은 다른 곳에 있습니다. 기독교의 전통, 윤리 신학, 일관된 합리적 사고, 좋은 친구들과 좋은 책들을 통해 얻는 조언, 그리고 (필요하다면) 숙련된 영적 지도자들에게서 찾아야 합니다. 해변에 매어 둔 구명줄에 의지하느니 수영을 배우는 편이 더 낫습니다.

그 구명줄이 사실은 죽음줄이기 때문입니다. 우리의 삶은 세금을 내고 난 나머지 금액으로 사는 것이 아닙니다. 하나님이 요구하시는 것은 우리의 시간이나 관심이 아닙니다. 심지어 우리의 모든 시간과 모든 관심도 아닙니다. 하나님이 원하시는 것은 우리 자신입니다. "그는 흥하여야 하겠고 나는 쇠하여야 하리라"[4]라는 세례 요한의 말은 우리 각자에게도 사실입니다. 하나님은 우리의 거듭되는 실패에는 무한한 자비를 베푸시겠지만, 계획적인 타협을 받아 주신

---

4) 요한복음 3장 30절.

다고 약속하신 적은 없습니다. 하나님이 궁극적으로 우리에게 주실 수 있는 것은 그분 자신뿐이며 우리 영혼 안에서 자기주장의 의지가 물러나고 하나님께 자리를 내어드리는 만큼만 자신을 주실 수 있습니다. 그러니 하나님 자신을 받기로 마음을 정합시다. 생계유지를 위한 '우리의 것'을 남겨 둬서는 안 됩니다. '평범한' 삶을 거부해야 합니다. 우리 모두가 순교자나 금욕가로 부름을 받았다는 뜻은 아닙니다. 물론 그런 부름을 받은 사람도 있을 것입니다. 하지만 많은 여가와 누구나 좋아할 만한 일들을 누리는 사람들(누가 될지는 아무도 모릅니다)도 있을 것입니다. 이것 역시 하나님의 손에서 받은 축복일 것입니다. 완벽한 그리스도인의 경우, 이 축복은 가장 고된 의무 못지않게 그의 '신앙'과 '섬김'의 일부가 될 것이고, 그의 향연은 금식 못지않게 그리스도인다운 일이 될 것입니다. 받아들이면 안 되는 것, 완전히 물리칠 수는 없지만 매일 싸워야 할 적은 '우리 소유의' 것, 하나님도 손댈 수 없는 '나만의 영역'이라는 생각입니다.

하나님은 모든 것에 대하여 권리 주장을 하십니다. 그분은 사랑이시고 복을 주시는 분이기 때문입니다. 그분이 우리를 소유하시기 전에는 우리에게 복을 주실 수 없습니다. 우리 안에 자신만의 영역을 두려는 시도는 죽음의 영역을 두려는 시도입니다. 그래서 하나님은 모든 것에 대해 권리 주장을 하십니다. 우리를 사랑하시기 때문입니다. 그분과는 협상이 있을 수 없습니다. 저를 바짝 긴장하게 만드는 온갖 말들이 바로 이런 뜻입니다.

토마스 모어Thomas More[5]는 이렇게 말했습니다. "하나님을 섬길 범위를 놓고 그분과 계약서를 작성하려고 보면, 이미 자신이 그분을 철저히 섬기기로 서명한 뒤임을 알게 될 것이다."로William Law[6]는 무섭고 냉정한 음성으로 이렇게 말했습니다. "마지막 날에 많은 사람들이 거절당할 것이다. 자신들의 구원에 대해 충분히 시간을 내고 수고하지 않았기 때문이다."후에 그는 뵈메Jakob Bohme[7]의 영향을 받아 사상이 더 깊어져서 이렇게 말했습니다. "하나님 나라를 선택하지 않았다면, 그 대신 무엇을 선택했건 결과는 마찬가지일 것이다."받아들이기 어려운 말들입니다. 여자와 애국, 마약과 예술, 위스키와 각료직, 돈과 과학 중 어느 것을 선택하건 정말 마찬가지일 수 있을까요? 중요한 의미에서는 분명 그럴 것입니다. 우리의 존재 목적을 놓치고, 우리를 만족시켜 줄 유일한 것을 거부했기 때문입니다. 사막에서 목말라 죽어 가는 사람이 하나뿐인 우물을 놓쳤는데 어떤 경로를 선택했는지가 중요한 문제이겠습니까?

놀랍게도, 이 주제에 대해 천국과 지옥은 한목소리를 냅니다. 유혹자는 이렇게 말합니다. "조심해. 이 좋은 결심, 이 은혜를 받아들이는 것이 얼마나 많은 희생을 요구할지 잘 생각하라고." 그리고 그

---

5) 1477-1535. 영국의 정치가, 사상가, 《유토피아》의 저자.
6) 1686-1761. 영국의 저술가, 기독교 윤리와 신비주의에 많은 영향을 끼침.
7) 1575-1624. 독일의 신지학자, 신비주의자.

와 똑같이 우리 주님도 비용을 계산하라고 말씀하십니다.[8] 세상사에서도 증언이 늘 엇갈리는 이들이 한목소리를 내는 문제는 매우 중요하게 받아들여집니다. 영적인 문제에서는 더욱 그렇습니다. 천국과 지옥이 한목소리를 내는 상황이니, 물장난은 별 의미가 없음이 분명해 보입니다. 중요한 문제, 천국이 바라고 지옥이 두려워하는 상황은 우리 키가 넘는 곳, 우리의 통제권을 벗어나는 깊은 바다로 발을 내딛는 일입니다.

그러나 저는 절망하지 않습니다. 이 부분에서 제 입장은 지극히 복음주의적이라 할 만합니다. 자유의지를 강조하는 펠라기우스주의와는 전혀 다른 입장입니다. 저는 제 의지로 아무리 노력해도 책임을 적게 지려는 이 갈망, 이 치명적 유보 성향을 단번에 끝낼 수 없다고 생각합니다. 하나님만이 하실 수 있습니다. 저는 하나님이 그렇게 하실 거라고 분명히 믿고 소망합니다. 물론, 제가 '팔짱끼고 앉아만 있어도' 된다는 뜻은 아닙니다. 하나님은 우리를 위해 우리 안에서 일하십니다. 그 과정이 우리에게는 매일 매순간 거듭해서 자기주장의 태도를 부인하는 결단을 내리는 모습으로 보일 것입니다(틀린 말은 아닙니다). 우리는 매일 아침 그렇게 해야 합니다. 자기주장의 태도는 매일 밤 새로운 껍질이 돋듯 다시 자라나기 때문입니다. 실패는 용서를 받을 것입니다. 그러나 우리 안에 우리 것이라

---

8) 누가복음 14장 25-33절 참조.

주장하는 영역을 여전히 허용하고 합법화하고 묵인한다면 치명적인 결과를 피할 수 없습니다. 죽기 전까지 이 침입자를 우리 영토에서 완전히 몰아내지 못할 수도 있지만, 그래도 레지스탕스에 속해야지 비시 정부[9]에 빌붙어서는 안 됩니다. 우리는 이 싸움을 매일 다시 시작해야 합니다. 《그리스도를 본받아》에 나오는 다음 기도문으로 매일 아침 기도드려야 할 것입니다.

"아직 아무 일도 하지 않았사오니, 흠 없이 오늘을 시작할 수 있게 하소서*Da hodie perfecte incipere*."

---

9) 제2차 세계대전 당시 나치 독일에 부역한 프랑스의 친독 정부.

편집자의 글

C. S. 루이스는 그의 설교 '영광의 무게'의 아름다운 끝부분에서 인간 영혼의 불멸성을 논한 후 이렇게 말한다. "그렇다고 우리가 언제나 엄숙해야 한다는 뜻은 아닙니다. 우리는 놀 줄 알아야 합니다. 하지만 우리의 유쾌함은 처음부터 서로를 진지하게 받아들이는 사람들이 나누는 유쾌함이어야 합니다."

그리스도인들은 루이스의 이 말과 그의 다른 격려들을 삶의 중요한 부분으로 받아들여야 할 것이다. 하나님이 요구하시는 바를 최선을 다해 행한 후에는 그분이 주시는 유익을 즐길 줄 알아야 하지 않겠는가? 별다른 이유 없이 '언제나 엄숙'하려 하다가는 지상에서 행복을 누릴 가능성이 사라져 버릴 뿐 아니라, 불행할 이유가 마침내 완전히 사라져 버릴 미래에 가서도 행복을 누릴 줄 모르는 사람이 되지 않겠는가.

루이스의 초기 저작을 보면, 무신론과 야망에 사로잡히면서 그의 타고난 유머 감각이 상당히 손상되었음을 알 수 있다. 무엇에 대해 서건 지나친 야망을 품게 되면 그가 말하는 유쾌함을 얻을 수 없게 되는지도 모르겠다. 루이스는 1931년에 기독교로 회심하기 전까지 걸작을 한 편도 쓸 수 없었는데, 회심 이후 자기 집착에서 벗어나면 서부터 달라지기 시작했다. 기질이 우울한 사람들이 기독교는 대단 히 엄숙하고 진지하다고 말하며 반대하고 나선다면 나는 이렇게 대답하겠다. "물론입니다. 오히려 사람들이 기독교를 충분히 진지하게 받아들이지 않는 게 문제이지요." 그러나 루이스가 그의 책《네 가지 사랑》에서 잘 보여 준 것처럼, 어떤 것이든 잘못된 **방식**으로 진지하게 받아들이면 너무나 쉽게 문제가 될 수 있다.

다른 누군가와 함께 있을 때 우리는 그와 얼마나 유쾌한 관계나 진지한 관계, 혹은 다른 어떤 관계를 맺게 될지 감지하는 신비한 본능을 타고난 듯하다. 나는 루이스의 에세이들을 편집하면서 이 본능에 대해 곰곰이 생각하게 되었다. 나와 루이스의 관계는 다른 사람들과 비슷한 면이 있지만 똑같을 수는 없다. 이 책은 주로 미국인들을 염두에 두고 편집한 것이니 설명이 좀 필요할 것 같다.

내가 루이스와 서신 교환을 시작한지 몇 년이 지난 무렵인 1963년 봄, 루이스는 미국에 있는 나를 영국으로 초청했다. 나는 그와 차한 잔 마시면서 대화를 많이 나누고 돌아오길 기대하며 영국으로 건너갔다. 그런데 손꼽아 기다리던 티파티가 (제목을 달자면) '늦깎이의 관찰' 내지 'C. S. 루이스와 보낸 여름 한철'이 될 줄이야. 나는 운을 믿지 않으니 운이 좋았다고 할 수는 없고 천사들의 도움이 있었다고 하는 게 낫겠다. 어쨌건, 세월이 흘러 그와 교분이 있던 사람들의 이야기도 듣기 어렵게 되었으니, '더없이 유쾌한' 유쾌함을 소중하게 여기는 사람들이 그에 대한 나의 경험담에 흥미를 느낄 수도 있으리라. 오늘날에는 그런 유쾌함이 드물어졌다.

나 같은 미국인이 영국의 '화장실conveniences'에 적응하는 데는 어느 정도 시간이 필요했다. 1963년 6월 7일자의 내 일기를 보면, 나는 루이스를 방문해 오랜 시간을 머물면서 함께 몇 리터는 될 법한 차를 마셨다. 잠시 후, 나는 대부분의 영국 집에 욕실과 변소가 분리되어 있음을 잊고 '욕실'이 어디 있느냐고 물었다. 루이스는 짐짓 격식을 갖춰서 나를 욕실로 안내하더니 욕조를 보여 주고 타월 한 장을 걸어 주고는 문을 닫고 나갔다. 나는 거실로 돌아가 말했다. "저는 씻으려는 게 아니라⋯⋯." 루이스는 웃음을 터뜨리며 여호수아의 말을 인용해 이렇게 말했다. "선생, 그 어리석은 미국식 완곡어법을 벗어 버리기로 '오늘 택하시지요.' 이제 물어봅시다. 어디 가고 싶다고 했던가요?"

내가 쓴 다른 일기에 따르면, 나와 루이스—그는 친구들이 '잭'이라고 부르는 걸 더 좋아했다—는 한 주에 최소한 서너 번은 만났다. 그의 집에서 만날 때도 있었고, '잉클링스'라 불리는 친구들과 함께 카페에서 만난 적도 있었다. 나는 그의 몸이 그리 좋지 않다는 걸 알았다. 건강이 안 좋아지기 시작했던 1960년부터 줄곧 그런 상태였다. 그러나 본인은 거기에 별로 개의치 않는 듯했고 겉보기엔 너무 말짱했기 때문에, 육 척 거구에다 혈색 좋은 이 친절한 사람과 함께 있을 때는 그 사실을 잊기가 쉬웠다. 그래서 7월 14일, 그가 예배에 참석하지 못할 정도로 몸 상태가 안 좋아진 것을 보고는 깜짝 놀랐다. 그는 나에게 함께 있어 달라고 했다. 그날은 여러 가지 면에서 기억에 남는 날이다. 바로 그날, 그는 내게 자신의 문학 조교와 개인 비서 자리를 당장 수락해 달라고 말하면서, 나중에 켄터키 대학에서 가르치는 일을 그만두고 옥스퍼드로 돌아와 그 일을 계속해 달라고 했다.

이튿날 아침, 루이스는 애클랜드 요양소로 정기 검진을 받으러 갔다가 혼수상태에 빠졌다. 모두들 깜짝 놀랐다. 혼수상태는 24시간 동안 지속되었고 의사들은 루이스가 회복되지 못할 거라고 예상했다. 루이스와 나 둘 다 아는 친구인 오스틴 패러 목사 부부는 7월 16일부터 31일까지 웨일스에서 휴가를 보낼 계획이었지만, 루이스의 요청으로 17일까지 옥스퍼드에 남아 있었다. 그래서 오스틴 패러는 루이스의 고백성사를 듣고 성찬을 베풀었다. 루이스는 나도 성찬을 함께 받기를 원했지만 나는 아프지 않았기 때문에 허락되지 않았다. 그러자 루이스는 이렇게 말했다. "그렇다면 여기서 나 대신에 무릎을 꿇어 주게나." 그 무렵, 나는 그를 위해 할 일이 너무 많았기 때문에 규칙적으로 일기를 쓸 수가 없었다. 그러나 7월 30일, 루이스의 집에서 패러 부부에게 보낸 편지(지금은 옥스퍼드 보들리언 도서관 소장 '패러 문서'의 일부가 되었다)를 보면, 그 시기에 내가 벌써 루이스의 집으로 이사해 들어갔음을 알 수 있다.

의사들은 루이스가 죽음 직전까지 갔었다는 사실을 그에게 말해 주지 않았고 그 일을 내게 맡기는 듯했다. 나는 적절하다 싶은 시기에, 혼수상태와 그의 정신이 오락가락했던 며칠에 대해 말해 주었다. 이후, 루이스는 혼수상태에서 받은 종부성사와 성만찬이 그의 생명을 구했다고 믿었다.

루이스가 요양소에 들어가기 전부터, 나는 그가 불에 타지 않고 그렇게 오래 살아남았다는 사실이 놀라웠다. 그는 특별한 행사 때를 제외하고는 낡은 트위드 재킷을 입었는데, 오른쪽 주머니에 다른 천을 대고 깁기를 여러 번 한 재킷이었다. 루이스는 파이프 담배를 피우다 질리면 오른쪽 주머니에 집어넣곤 했는데, 그때 주머니가 타면서 구멍이 뚫리기 때문이었다. 그런 일이 너무 잦아서 그 부위에는 원래의 옷감이 남아 있지 않았다.

애클랜드 요양소의 간호사들은 루이스가 손에 담배를 들고 조는 모습을 발견한 뒤로 내가 함께 있을 때를 제외하고는 성냥을 갖고 있지 못하게 했다. 내가 그에게 성냥 한 갑을 주고 떠나면 간호사가 득달같이 들어와 빼앗아 갔는데, 루이스에게 그 일은 그야말로 수수께끼였다. 어느 날 아침 그가 내게 물었다. "간호사들이 대체 어떻게 알지? 성냥 한 갑만 주게. 침대 시트에 숨겨 놔야겠네." 일이 그쯤 되자 내가 성냥 제공자인 동시에 밀고자였다고 털어놓지 않을 수 없었다. 루이스가 호통을 쳤다. "밀고자! 친구라고 철석같이 믿었건만 배신자라니. 베네딕트 아놀드Benedict Arnold[1]를 바로 곁에 두고 있었군. 너무 늦기 전에 회개하게나!"

나는 그 모든 뒤범벅과 소동을 좋아했다. 우리가 서로를 놀린 횟수는 비슷하지 싶다. 그러나 보통은 훨씬 평온했다. 그가 애클랜드 요양소에 있을 때 나니아 독자들이 소중하게 여길 만한 일이 있었다. 그날, 루이스는 정신이 혼미해서 문병 온 사람을 전혀 알아보지 못했다. 심지어 톨킨 교수조차 못 알아봤다. 그날의 마지막 방문자는 의붓 여동생 모린 무어 블레이크였다. 그녀는 몇 달 전, 뜻밖에도 스코틀랜드에 성과 광대한 영토를 보유한 준남작, 헴프릭스의 레이디 던버가 되었다. 300년 만에 준남작 지위를 계승한 첫 번째 여성이 된 것이었다. 루이스의 상태가 악화된 후에 두 사람은 서로 만나지 못했으므로, 나는 그녀의 실망을 덜어 줄 요량으로 루이스가 친구들을 모두 알아보지 못했다고 말했다. 그녀가 루이스의 손을 잡자 그가 눈을 떴다. 그녀가 속삭였다. "잭, 모린이에요." 루이스가 미소를 지으며 대답했다. "아니지, 헴프릭스의 레이디 던버시지." 그녀가 물었다. "아니, 잭, 어떻게 그걸 기억해요?" 그가 대답했다. "그게 아니지. **내가** 동화를 어떻게 잊겠어?"

그의 상태가 훨씬 나아졌지만 아직 위험에서 완전히 벗어나지 못

---

1) 미국 독립전쟁 때 미국을 배반하고 영국으로 도망친 미국의 장군, 배신자의 대명사.

한 어느 날이었다. 그는 내게 왜 그렇게 우울해 보이느냐고 물었다. 우리 동네에 사는 아흔 일곱쯤 되는 고약한 늙은 무신론자 때문이었다. 그는 매일 씩씩한 걸음으로 산책을 나갔다. 우리가 만날 때마다 그는 루이스가 '아직 살아' 있느냐고 물었고, 많이 아프다는 내 대답을 듣고는 언제나 이렇게 말했다. "**나는** 아무렇지도 않은데! 난 아직 한참 남았는데!"

기도 중에 나는 그런 고약한 늙은 무신론자는 영원히 사는 것처럼 보이는 반면, 예순 넷밖에 안 된 루이스에게 죽음을 허락하시려는 주님이 너무 불공평하다고 말하고 싶었다. 그리고 루이스에게 그 얘기를 했다. 그러나 루이스의 얼굴이 어두워지는 것을 보고 서둘러 이렇게 덧붙였다. "걱정 마세요. 기도할 때 정말 그렇게 말한 건 아니니까요. 상당히 근접한 적이 있긴 하지만요."

"우리 주님이 그 불평에 뭐라고 대답하실 것 같은가?"

루이스는 그러면 안 된다는 표정으로 물었다.

"뭐라고 하실까요?"

"그것이 **너와** 무슨 상관이냐?"

우리 주님이 사도 베드로를 꾸짖으신 내용의 요한복음 21장 22절 말씀을 읽은 사람이라면 루이스가 그 말씀을 어떻게 적용했는지 알 수 있을 것이다. 그다음, 루이스는 나를 더없이 부드럽게 위로했다. 그의 불행을 안타깝게 여기는 사람이 나라고 생각했는데, 오히려 그가 나의 슬픔을 위로해 주었다.

최악의 상황은 끝나고 루이스의 가장 큰 매력 중 하나인 밝은 기분과 대단한 유머 감각이 돌아왔다. 이 놀라운 사람의 온전함을 제대로 전달하려면 보스웰James Boswell[2] 정도의 재능을 갖춘 사람이 필요할 것이다. 그래야 유머와 진지함이 자연스럽게 어우러진 그의 삶을 소개하고, 그것이야말로 그의 넓은 마음과 탁월한 지성, 그리고 내가 아는 누구보다 관대했던 그의 자비심의 **원천**임을 보여 줄 수 있을 것이다. 그는 비범한 능력을 가진 평범한 성정의 사람이었다. 내가 얼마나 오래 살지는 모르지만, 앞으로는 그처럼 지극히 선한 사람을 만나 함께 지내진 못할 것임을 알았다. 그냥 **알았다**. 이 사실은 기록할 만한 가치가 있을 것이다. 내 모든 기억 중에서도 이것이 가장 선명하게 남아 있고 앞으로도 그럴 것이 분명하니까.

나는 8월 6일에 루이스를 집으로 데려왔고, 앨릭 로스라는 스코틀랜드인 남자 간호사가 따라왔다. 간호사의 책임은 도움이 필요할 경우에 대비해 밤에 깨어 있는 것이었다. 나는 루이스와 두 달간 거의 함께 있었던 데다 같은 집에서 지내게 되니 그와 함께 있는 일이 더욱 편해졌다. 그는 애클랜드 요양소의 환경에 대해 한 번도 불평하지 않았다. 물론 성냥을 받았다가 빼앗겼던 일에 관한 내 '배신' 행위만은 예외였다. 그래도 그는 익숙한 환경으로 되돌아온 것을 훨

---

2) 1740~1795. 영국의 전기 작가. 타고난 기록 습관과 세심한 관찰력을 바탕으로 쓴 《존슨전The Life of Samuel Johnson》은 전기 문학의 걸작으로 평가받는다.

씬 좋아하는 듯 보였다. 점심 식사 이후에 그가 잠시 혼자 있고 싶어 하는 것 같아서 평소에 낮잠을 자느냐고 물었더니 그는 이렇게 대답했다. "아, 아닐세! 하지만 가끔은 낮잠이 **날** 데려가지."

그는 애클랜드에서 머무는 동안에도 편지를 구술하는 일을 계속했다. 집으로 돌아온 후 그 일을 더 많이 할 수 있게 되었지만, 1961년 이후부터는 자신이 갑자기 죽을 경우 더욱 심각해질 문제들에도 많은 관심을 기울였다. 알코올 중독인 형과, 1960년에 친어머니를 잃고 또 많은 슬픈 일들을 겪은 두 양아들의 장래 문제가 그것이었다. 이 얘기를 하는 이유는 당시 그에게서 다른 누구에게서도 보지 못했던 모습을 보았기 때문이다(나중에 그의 친구 오언 바필드도 그와 닮았다는 것을 알게 되었다). 루이스에게는 다른 사람 못지않은, 어쩌면 다른 사람들보다 훨씬 많은 걱정거리가 있었다. 그러나 그는 그 문제를 해결하기 위해 힘닿는 대로 최선을 다한 후에 그 문제를 하나님께 맡기고 자기 일을 계속하면서 즐거움을 누렸다. 이 책을 읽어 나가는 독자는, 예를 들자면 그의 설교 '변환'(의 나중에 추가한 부분)을 통해, 듣기 좋으라고 하는 진부한 소리로 들릴 수 있지만 그렇지 않은 사실을 알게 될 것이다. 그것은 루이스가 성자 하나님이 죽음을 대가로 치르고 모든 인간에게 주기 원하신 행복을 정말 원하고 **좋아했다**는 사실이다. 나는 당시 그것을 그에게서 직접 보았고, 10년 후 보들리언 도서관에서 그 모든 내용이 간결하게 요약된 글을 보았다. 1940년 1월 28일, 루이스가 형에게 보낸 편지이다. "세상은 행복한 사람들과 불행한 사람들로만 나눠져 있는 것이 아니라 행복을 좋아하는 사람들과 이상하게도 행복을 정말 좋아하지 않는 사람들로 나뉜다는 생각이 들어." 악의로 하는 말은 아니지만, 내 생각에 '사회의식'(어떤 용어로 불리던 간에)을 강조하는 사람들은 이 사실을 이해하지 못할 것 같다. 여하튼, 그때나 지금이나 세상에는 두 부류의 사람이 있다.

요양원 소속 입주 간호사 앨릭에게 루이스는 이해할 수 없는 사람이었다. 앨릭은 학식이 많은 사람이 아니었지만, 당시에는 남자 간호사가 많지 않다는 점이 유리하게 작용했다. 덕분에 그는 환자들을 직접 고를 수 있었다. 그는 거의 언제나 아주 부자거나, 이런저런 이유로 매우 유명하거나 롤스로이스를 갖고 있는 환자들을 골랐다. 좋은 간호사였지만 입이 거칠었다. 그는 루이스의 부엌을 보자마자 집이 '돼지우리'라며 사람들을 불러 즉시 쓸고 닦고 소독을 하도록 시켰다.

그에게는 별 볼일 없이 생긴 집의 주인이 '유명인'이라는 사실이 신비한 역설로 느껴졌나 보다. 어느 날 우리끼리 차를 마시고 있을 때 그는 내게 "덩치 큰 할아버지의 이름이 그 큰 책에 올라 있는지" 물었다. 명사록Who's Who이라는 단어가 생각나지 않았던 것이다. 그때 마침 루이스가 방문을 나오다 이 말을 듣고 이렇게 말했다. "이봐, 이봐, 앨릭. 나는 스코틀랜드에서 인명록Wha's Wha이라 부르는 책에 이름이 올라 있다구." 그것으로 충분했다. 이후 앨릭은 루이스의 유머 감각과 소탈함에 매료되었고, 그가 정말 유명한 사람인지 여부도 더 이상 문제가 되지 않았다.

8월에 루이스는 케임브리지에 은퇴를 알리는 편지를 받아쓰게 했다. 그리고 그달 말, 루이스를 앨릭과 함께 집에 남겨 두고, 나는 루이스의 양아들 더글러스 그레셤과 함께 케임브리지로 가서 그의 일을 처리하고, 모들린 칼리지의 연구실에 있던 2천 권에 달하는 그의 책들 중 상당수를 가져오는 일을 맡았다. 우리는 트럭을 불러 책을 싣고 옥스퍼드 집을 향해 출발했다. 가는 길 내내, 나는 이미 터질 듯 책으로 가득 찬 집 어디에 이 책들이 들어갈 수 있을지 궁금했다. 그러나 루이스는 이미 계획을 세워 두고 있었다.

앨릭은 '음악실'이라 불리던 방에서 지냈는데, 1층에 있는 그 방의 가구는 한쪽 구석의 침대 하나뿐이었다. 밤새 깨어 있었던 앨릭은 우리가 도착할 즈음 잠이 들어 있었다. 트럭이 차로로 들어서자 루이스가 우리에게 조용히 하라고 신호를 보냈다. 내가 속삭였다. "책들은 어디다 보관할 건가요?" 루이스는 대답을 하면서 윙크를 했다. 앨릭을 깨우지 않으려고 무진장 애쓰면서 우리는 책들을 '음악실' 안으로 날라 간호사의 침대 주위에 쌓아 놓았다. 마지막 책을 책무더기 위에 올릴 때까지 앨릭은 여전히 코를 골고 있었다. 책들은 천장 높이에 이르렀고 방을 거의 가득 채웠다.

앨릭이 깨어날 시간이 되자, 루이스와 나는 바깥에서 결과를 기다렸다. 그리고 기다리던 일이 벌어졌다. 잠에서 깬 앨릭은 자신이 책들 속에 갇힌 것을 발견하고 비명을 질렀다. 그때 거대한 책들의 벽 일부가 무너져 내렸고 앨릭은 허겁지겁 기어 나왔다. 차 마시는 시간에 앨릭은 이렇게 멋진 장난은 처음이라고 말했다.

내가 일부 사람들이 바라는 만큼 루이스의 '종교적' 입장에 대해 구체적으로, 충분히 말하지 않았다면, 그것은 이미 그의 입장이 충분히 분명하다고 생각하기 때문이다. 존슨 박사는 "한 사람의 이해력의 크기를 제대로 평가할 수 있는 기준은 언제나 그의 유쾌함이다"라고 말했다. 나는 그가 C. S. 루이스 같은 사람을 염두에 두고 이 말을 했을 것임을 개인적 회상을 통해 보여 주고 싶었다. 내가 실패했더라도, 이 선집을 구성하는 탁월한 글들이 모든 것을 보상해 줄 것이다.

루이스는 참으로 겸손한 사람이었다. 나와 대화를 나누다 자연스럽게 그의 책들이 화제가 되면, 그는 전혀 모르는 사람의 책인 듯 무심하게 이야기했다. 그는 자신의 문학적, 신학적 위치에 대해 전혀 관심이 없는 듯했다. 어느 날 저녁, 그의 이런 태도가 자연스럽게 나왔다.

우리는 둘 다 좋아하는 책인 맬러리Thomas Malory[3]의 《아서왕의 죽음Morte d'Arthur》에 대해 얘기하고 있었다. 나는 랜슬럿 경이 무력한 숙녀를 이런저런 위험에서 구해 내는 대목에서 때때로 실망을

3) 1408-1471. 영국 기사騎士 겸 작가.

느꼈다고 토로했다. 독자가 그 희생적인 모습에 감탄하지 않을 수 없는 바로 그 대목에서, 랜슬럿 경은 너무도 당연하다는 듯 자신은 '숭배를 얻기' 위해, 즉 평판을 높이기 위해 이 일을 한다고 설명한다. 우리는 그것이 이교적 유산이라고 여겼다. 별 생각 없이 나는 루이스에게 그의 의도와 무관하게 그가 책들을 통해 '숭배를 얻고' 있다는 사실을 의식한 적이 있느냐고 물었다. 그의 조용하고 나지막한 대답에는 이제까지 내가 누구에게서도 볼 수 없었던 겸손이 담겨 있었다. "그 생각을 안 하려고 더없이 주의한다네." 잠시 집, 정원, 전 우주가 숨을 죽이는 듯했고, 우리는 다시 이야기를 계속했다.

가슴 시리도록 행복했던 몇 달이 지나고 내가 미국으로 돌아가야 할 시간이 다가오면서, 루이스와 나는 그의 은퇴에 대비한 계획을 세우기 시작했다. 그가 이런저런 책들을 쓰고, 내가 그의 여러 일들을 덜어 주고, 맬러리의 《아서왕의 죽음》의 참고문헌에 해당하는 프랑스 고전들을 원어로 함께 공부하는 계획이었다. 여러 해가 지난 지금도, 당시의 그 행복한 기대들을 떠올리면 《마지막 전투》의 주인공 질이 나니아의 황금 시기를 생각하며 느꼈던 것과 비슷한 감정이 솟아오르면서 안타까워진다. "그 행복했던 세월이 그림처럼 펼쳐져······높은 언덕에서 아주 넓게 펼쳐진 풍요롭고 아름다운 평원을, 그것도 나무와 물과 옥수수 밭이 안개처럼 어렴풋이 저 멀리까지 이어져 있는 평원을 내려다보는 듯한 기분에 젖었다." 그러나 루이스는 1963년 11월 22일 갑자기 죽었다.

가끔 그에 대한 질문을 받으면 나는 그와 함께했던 시간이 '겨우' 석 달밖에 안 된다는 점을 분명히 밝힌다. 그러나 겨우라는 말은 그에 대한 추억과 그가 베푼 친절을 전달하기에 부적절한 표현 같다. 몇 년 동안 매일 30분 이상 만난 사람들과 전혀 친밀함을 쌓지 못하는 때가 있는 반면 알게 된지 겨우 몇 분밖에 안 된 사람과 친밀한 유대감을 느끼는 경우가 있지 않은가? 겨우라는 말은 그런 맥락에서 나름대로 이해하기 바란다. 부끄럽지만, 솔직히 말해서 루이스와 함께 세웠던 계획들이 이루어지지 못했기 때문에 왠지 속은 느낌이 든 적이 있다. 그것은 사악하다고까지 말할 순 없어도 외람된 생각인 건 분명하다. 최근에, 나는 친구와 함께 임종을 얼마 남겨 두지 않은 친구의 할머니를 찾아뵈었다. 그곳은 주민들이 과장이나 빈말을 전혀 하지 않는 더비셔의 쾌적한 고산지방이었다. 때는 이른 봄이었고 친구가 할머니를 위해 찾을 수 있는 거라곤 부드러운 버들가지 몇 개가 전부였다. 버들가지를 할머니께 드리자, 할머니는 그것을 얼굴에 갖다 대고는 이렇게 속삭였다. "멋지구나, 얘야. 이거면 족하다."

그러나 루이스의 책에 대해서 출판업자들은 족한 줄을 모르는 듯했다. 루이스는 글쓰기를 무척 좋아했지만, "지식이 따르지 않는 열심"으로 책을 쓰는 많은 사람들과는 달랐다. 루이스는 뭔가 할 말이 있을 때만 펜을 들었다. 자신의 책을 쓸 때는 스스로 정한 시한을

지켰지만, 짧은 글들로 이루어진 선집을 준비할 때는 영국과 미국 출판사들이 나서서 그에게 압박을 가해야 했다. 루이스는 물론 여기 실린 것과 같은 원고들을 쓸 때도 최선을 다했지만, 그것들을 다시 선집으로 엮어 내려면 외부의 자극이 필요했던 것이다.

원래는 '영광의 무게', '전시의 학문', '변환', '내부패거리', '멤버십'으로만 구성된 선집이 1949년에 런던의 제프리블레스 출판사에서 《변환 및 기타 강연Transposition and Other Addresses》이라는 제목으로 출간되었고, 같은 해 후반부 뉴욕 맥밀런 출판사에서는 《영광의 무게 및 기타 강연The Weight of Glory and Other Addresses》이라는 제목으로 출간되었다. 당시 두 책의 판본이 약간 달랐기 때문에, 그러한 차이점을 바로잡기 위해 이 책을 기획하게 되었다. 내가 이 작업에 착수하게 된 계기는 1979년에 영화 '기쁨과 그 너머를 통해: C. S. 루이스의 생애Through Joy and Beyond: The Life of C. S. Lewis'를 상연하며 가진 순회강연이었다. 영화가 끝나면 내가 루이스의 '변환'의 일부를 낭독하는 것으로 행사를 마무리했다. 그때 많은 좋은 사람들이 루이스의 강연 중에서도 가장 매혹적인 글들이 나중에 덧붙여지는 바람에 미국판에는 실려 있지 않다는 사실을 상기시켜 주었다. 나도 같은 생각을 했다가 어느새 잊어버리고 있었던 사실이었다. 그것만으로도 책의 개정판을 내야 할 충분한 이유가 되었지만, 미국에서는 출간되지 않은 세 편의 강연과 어디에서도 출간된 적이 없는 한 편의 강연을 포함시킬 좋은 기회라는 생각이 들었다.

이 책에 실린 강연들은 대부분 시대순으로 배열되어 있다. 유일한 예외가 첫 번째로 실린 '영광의 무게'이다. 이 설교가 교부들의 글과 같은 반열에 놓아도 될 만큼 훌륭하다는 사람들의 생각에 나역시 동의하거니와, 이 글을 제일 앞에 싣지 않으면 루이스의 팬들이 나를 가만 두지 않을 성싶었기 때문이다. 루이스는 참사회원 Canon인 밀퍼드T. R. Milford의 요청을 수락하여 1941년 6월 8일, 12세기에 세워진 옥스퍼드 대학의 세인트메리 교회에서 저녁 기도회 때 이 원고로 설교를 했다. 당시 그의 설교를 듣기 위해 많은 인원이 모였는데, 현대 들어 그 자리를 채운 가장 많은 숫자로 손꼽혔다. 세인트메리 교회의 주교였던 밀퍼드는 루이스의 《순례자의 귀향The Pilgrim's Regress》을 읽고 그에게 설교를 요청하게 되었다고 내게 말했다. 이 설교문은 〈신학〉지 총권 43호(1941년 11월)에 처음 실렸고, 1942년에 S.P.C.K.[4]에서 소책자로 펴냈다.

'전시의 학문'은 1939년 10월 22일 세인트메리 교회의 저녁 기도회 때 설교한 원고이다. 이 설교도 《순례자의 귀향》을 높이 평가한 밀퍼드의 요청으로 이루어졌다. 그는 당시 제2차 세계대전으로 옥스퍼드 학부생들이 너무나 불안해했기 때문에, 참전 경험이 있고 모들린 칼리지의 크리스천 개별지도 교수로 일하던 루이스가 그들

---

4) 기독교지식증진협회The Society for Promoting Christian Knowledge. 영국 성공회의 가장 오래된 선교 조직.

을 도와 올바른 관점을 갖게 해 줄 적임자라고 생각했던 것이다. 루이스의 설교를 듣기 위해 많은 사람들이 세인트메리 교회에 모였고, 밀퍼드는 모든 참석자에게 '다른 신은 없다: 전시의 문화None Other Gods: Culture in War Time'라는 제목의 설교 등사 원고를 나누어 주었다. 루이스가 택한 설교 본문은 신명기 26장 5절 "내 조상은 방랑하는 아람 사람으로서"였다. 이 원고는 같은 해 S.C.M. 에서 〈위기에 처한 그리스도인The Christian in Danger〉이라는 제목의 소책자로 출간되었다.

내가 이 책을 준비하고 있을 때, 전시에 모들린에서 루이스의 제자였고 이후 줄곧 그의 절친한 친구로 지냈던 조지 세이어가 '나는 왜 반전론자가 아닌가'의 사본을 한 부 보내왔다. 루이스는 1940년도에 옥스퍼드 반전론자 협회에서 이 강연을 한 후 세이어를 위해 사본을 만들었던 것이다. 원본이 남아 있지 않았는데 뜻밖에 받게 되어 너무나 기뻤다. 루이스는 이 원고를 출간하려는 시도를 하지 않았기 때문에 이 책에서 처음으로 활자화되었다.

'변환'은 옥스퍼드의 맨스필드 칼리지 학장이던 너새니얼 미클렘(1888-1976)의 요청으로 1944년 5월 28일 성령강림절에 칼리지 예배당(회중교회)에서 설교한 원고이다. 1944년 6월 2일 자 〈데일리텔레그래프〉지에는 '옥스퍼드의 현대판 뉴먼'[5]이라는 제목으로 이런 기사가 실렸다. "설교 도중, 루이스 교수는 감정을 주체하지 못해 설교를 중단하더니 '미안합니다'라고 말하고는 설교단을 떠났다. 칼리지 학장인 미클렘 박사와 예배당 목사가 그를 도우러 갔다. 찬양한 곡이 끝난 후, 루이스 교수는 설교단으로 돌아와……대단히 감동적인 어조로 설교를 마쳤다."

루이스는 픽션과 설교 모두를 통해 천국을 믿을 만한 곳으로 만들었고, 이 점에서 현대의 어느 작가보다 성공했다. 1944년 어간의 어떤 시기에, 그는 '변환'에 그리 만족하지 못했다고 생각한 듯하다. 1961년 봄, 제프리 블레스 출판사 사장 조크 깁은 에세이 모음집을 편집하라며 당시 몸이 안 좋던 루이스를 조르고 있었다. 그런데 놀라운 일이 벌어졌다. 천국이 천국을 알리는 작업을 도우러 온 것인지, 루이스는 썩을 것이 썩지 않음을 입을 때 벌어지는 영광을 보게 되었고 그의 펜에서는 이 설교를 최고의 경지로 끌어올리는 추가 부분이 흘러나왔다. 이 새로운 부분은 "저는 이 변환의 교리가 소망이라는 신학적 덕목을 이해하는 데 긴요하다고 믿습니다……"로 시작해서 "너무 무르고 덧없고 공허하기 때문입니다"로 마친다. 이 확장판 설교문은 루이스의 《논문 연설집They Asked for a Paper》에 처음으로 실렸다.

'신학은 시인가?'는 1944년 11월 6일 옥스퍼드 대학 소크라테스 클럽에서 발표했고 〈소크라테스 다이제스트〉 총권 3호(1945년)에 처

---

5) 존 헨리 뉴먼John Henry Newman, 1801-1890. 신학자, 철학자, 추기경. 1833년부터 J. 키블 등과 함께 영국 국교회의 신앙 부흥을 위해 연속 간행물 〈시국 소책자Tracts for the Times〉를 발행, 이른바 옥스퍼드 운동을 전개했다.

음 실렸다. '내부패거리'는 1944년 12월 14일, 런던 대학 킹스 칼리지에서 행한 연례 '기념 강연'이었다. '멤버십'은 1945년 2월 10일 옥스퍼드의 성 올번과 성 세르기우스 협회[6]에서 강연한 후 협회 회보 〈소보르노스트〉지 총권 31호(1945년 6월)에 처음 실렸다. 이 강연은 찰스 윌리엄스의 오랜 친구였던 미스 앤 스폴딩의 요청으로 이루어졌다. 둘은 제2차 세계대전의 발발로 윌리엄스가 옥스퍼드로 거처를 옮겼을 때 앤 스폴딩의 부모님 집에 머물렀던 이후 친구가 된 것이다.

'용서'는 패트릭 케빈 어윈 신부(1907-1965)의 요청으로 써서 어윈 신부가 내는 케임브리지셔 소스턴의 세인트메리 교회 교구회보에 신도록 1947년 8월 28일에 보낸 원고였다. 그러나 어윈 신부는 그 원고가 출간되기 전에 위스벡의 성 어거스틴 교회로 자리를 옮겼고, 후에 나는 어윈 신부의 가족들이 그 원고를 보들리언 도서관에 기증했다는 소식을 듣고 그 에세이에 대해 처음 알게 되었다. '용서'는 루이스의 《씨앗과 코끼리 및 기독교 에세이집Fern-seed and Elephants and Other Essays on Christianity》(London: Fount/Collins, 1975)에 처음 실렸다.

'실언'은 루이스의 마지막 설교였다. 루이스는 케임브리지 모들린 칼리지 교목이던 C. A. 피어스 신부의 요청으로 1956년 1월 29일에

---

6) 동방정교회와 서방교회의 화합을 위해 일하는 협회.

이 설교를 했다. 옥스퍼드의 모들린 칼리지와는 달리 케임브리지의 모들린 칼리지는 상당히 작은 곳이고, 촛불로 불을 밝히는 작은 보석과도 같은 칼리지 예배당은 정말 작다. 그래도 예배당 기록에 따르면, 루이스 강연을 듣기 위해 100명이 넘는 사람이 몰려와 보조 의자를 가져와야 했다. 이 설교는 《스크루테이프 축배를 들다 및 기타 작품 *Screwtape Proposes a Toast and Other Pieces*》(London: Fount/Collins, 1965)에 처음으로 실렸다. 이 책은 루이스가 죽기 직전에 몸소 출판사의 기획을 도왔던 선집이다.

'신학은 시인가?', '용서', '실언'을 다시 출간할 수 있게 해 준 콜린스 출판사와 '나는 왜 반전론자가 아닌가'의 사본을 제공한 조지 세이어에게 감사한다. 이 책을 편집하도록 허락해 준 오언 바필드에게도 감사를 전한다.[7] 여러 가지 일들을 통해 나는 바필드를 나의 소중한 친구로 여기게 되었다. 그런 친구는 어떻게 봐도 우리 타락한 인류가 내세울 수 있는 가장 커다란 자랑거리 중 하나이다.

1980년 3월 7일 옥스퍼드에서

월터 후퍼Walter Hooper[8]

---

7) 루이스는 죽기 전에 오언 바필드와 앨프레드 세실 하우드 두 사람을 유산 수탁자로 임명해 그의 문학 작품에 대한 관리를 맡겼다.
8) 1931년생. C. S. 루이스 재단의 문학 자문 위원, 이사.

옮긴이 **홍종락**

서울대학교에서 언어학과를 졸업하고, 한국해비타트에서 간사로 일했다. 2001년 후반부터 현재까지 아내와 한 팀을 이루어 번역가로 일하고 있으며, 번역하며 배운 내용을 자기 글로 풀어낼 궁리를 하며 산다. 저서로 《오리지널 에필로그》가 있고, 역서로는 《당신의 벗, 루이스》, 《순례자의 귀향》, 《피고석의 하나님》, 《세상의 마지막 밤》, 《개인기도》, 《실낙원 서문》, 《오독》, 《이야기에 관하여》, 《영광의 무게》, 《폐기된 이미지》(이상 루이스 저서), 《C. S. 루이스와 기독교 세계로》, 《C. S. 루이스의 순전한 기독교 전기》, 《본향으로의 여정》(이상 루이스 해설서), 《C. S. LEWIS 루이스》, 《루이스와 잭》, 《루이스와 톨킨》(이상 루이스 전기), 그리고 루이스가 편집한 《조지 맥도널드 선집》과 루이스의 글을 엮어 펴낸 《C. S. 루이스, 기쁨의 하루》 등이 있다. 학생신앙운동(SFC) 총동문회에서 발행하는 〈개혁신앙〉에 '루이스의 문학 세계'를 연재 중이다. '2009 CTK(크리스채너티투데이 한국판) 번역가 대상'과 2014년 한국기독교출판협회 선정 '올해의 역자상'을 수상했다.

영광의 무게
The Weight of Glory

지은이 C. S. 루이스
옮긴이 홍종락
펴낸곳 주식회사 홍성사
펴낸이 정애주
국효숙 김의연 박혜란 송민규 오민택 임영주 차길환

2008. 9. 22. 양장 1쇄 발행   2018. 1. 12. 양장 12쇄 발행
2019. 11. 27. 무선 1쇄 발행   2024. 12. 13. 무선 7쇄 발행

등록번호 제1-499호 1977. 8. 1.
주소 (04084) 서울시 마포구 양화진4길 3 전화 02) 333-5161 팩스 02) 333-5165
홈페이지 hongsungsa.com   이메일 hsbooks@hongsungsa.com
페이스북 facebook.com/hongsungsa
양화진책방 02) 333-5161

The Weight of Glory by C. S. Lewis
Copyright © C. S. Lewis Pte Ltd 1949
All rights reserved.
This Korean edition was published by Hong Sung Sa Ltd.
in 2008 by arrangement with
The C. S. Lewis Company Limited, c/o HarperCollins Publishers, London
through KCC(Korea Copyright Center Inc.), Seoul.

ⓒ 홍성사, 2008

ISBN 978-89-365-1391-7 (03230)